课题负责人：周华富

课题组成员：曲建国　陈衡治　范　玲　吴洁珍　郑连革
　　　　　　　汪　东　洪丽云　魏伟忠　翁建武　余亚东
　　　　　　　陈达祎　徐　健　陈丽君　王　晟　马　攀
　　　　　　　赵　枫　李　婧　于广文　朱　宁　庞　胜
　　　　　　　章琳云　黄冠豪　杜欢政　宁自军　杨　松
　　　　　　　荣　辉　洪江永

浙江智库 ZHEJIANG THINK TANK
浙发规院文库 ZDPI PUBLICATIONS

国家发展和改革委员会优秀研究成果奖

提高资源产出率的方法与路径研究

——以2010—2013年浙江省为例

TIGAO ZIYUAN CHANCHULÜ DE FANGFA YU LUJING YANJIU
YI 2010—2013 NIAN ZHEJIANGSHENG WEILI

周华富　主编

人民出版社

目　　录

序

发展循环经济是我国经济社会发展的重大战略,是建设生态文明、推动绿色发展的重要途径。资源产出率是衡量循环经济发展水平的主要综合性指标之一,为经济产出价值量与物质资源利用实物量之比,在宏观上反映经济活动使用自然资源的效率,并能间接反映经济增长和环境压力的关系。《循环经济发展战略及近期行动计划》(国发〔2013〕5 号)明确提出,要建立以资源产出率为核心的循环经济统计评价制度。

在国家发展改革委、国家统计局和科技部的支持下,由本人担任顾问、由朱兵教授负责的清华大学循环经济研究院研究团队从"十一五"以来,一直在开展资源产出率的研究工作,先后提出了中国国家层面主要资源产出率核算方法,构建了基于原始资源消耗当量的区域(省域及以下)层面资源产出率核算方法,破解了区域层面缺乏进出经济系统边界物质统计数据的难题,服务国家部门决策并且指导地方开展区域资源产出率核算工作,取得了系列成果。

2014 年 4 月,浙江省发展改革委提出深入开展省域资源产出率核算和应用研究的想法,得到国家发展改革委的大力支持。他们很快组建了由浙江省发展规划研究院和浙江省经济信息中心为主的课题组,制定了全面系统的课题推进方案,选取 14+X 种资源进行物质流分析和资源产出率研究。随着课题的深入,也遇到了一些问题。经国家发展改革委环资司介绍,本书主编找到我们清华大学循环经济研究院团队,希望我们能在技术上对课题组予以指导和支持。将资源产出率核算和应用推广到地方是我们团队多年的夙愿,双方可谓珠联璧合。在课题研究过程中,课题组多次与我,以及朱兵教授研究团队进行探讨,课题进展之快和课题组同志的务实精神令我钦佩。这项工作是清华有关资源产出率理论与浙江循环经济实践的密切结合,也是周华富等同志的一次再创新的尝试,有很好的参考价值。

2014 年底,我受邀作为专家组组长参加了课题评审会。课题应用清华大学循环经济研究院团队构建的区域层面资源产出率核算框架,结合浙江实际探索了多渠道的数据获取方法,对浙江省资源产出率进行了核算和评价。研究围绕主要物质资源物质流建立了一本省域层面资源帐,围绕原始资源消耗当量表征的主要资源产出率建立了一套评价体系,围绕提高浙江省资源产出率建立了一张"五大路径"路线图,是区域资源产出率研究一次非常好的深化。

周华富同志主编的《提高资源产出率的方法与路径研究——以 2010—2013 年浙江省为例》是课题组多年探索和智慧的结晶。本书以破解浙江经济社会发展的资源环境压力为导向,对支撑经济发展的 17 种主要资源进行研究,在数据获取、评价体系和政策转化等方面取得良好成效。一是使用多渠道多源数据获取方式,为资源产出率的核算提供了良好的数据支撑。二是摸清省域层面主要资源生产消费资源帐,建立以数据统计和测算结合为核心的资源产出率评价体系,取得的试点经验被国家发展改革委与财政部纳入循环经济典型经验,以《关于印发国家循环经济试点示范典型经验的通知》(发改资环〔2016〕965 号)向全国各地推广应用。三是从物质流的视角提出了区域资源产出率提升路径和政策建议方案,有力支撑了化解产能过剩矛盾等政策文件,以及园区循环化改造、循环经济示范城市建设和资源循环利用基地建设等专项行动的制订,是研究成果服务于政策实践的成功范例。

随着碳达峰、碳中和目标的提出,我国循环经济发展又迎来了重大的发展战略机遇。如何通过提高资源产出率,以更低的资源消耗支撑更高质量的经济发展,无疑是实现"3060"目标的重要途径。浙江已经在这方面作了很多有益的探索,希望本书的出版可以将资源高效利用的浙江经验推向全国,为提高区域资源产出率研究提供借鉴。

金　涌

中国工程院院士

清华大学教授

前　　言

资源产出率是表征循环经济发展水平的关键核心指标。《循环经济发展战略及近期行动计划》(国发〔2013〕5 号)明确提出,要建立以资源产出率为核心的循环经济统计评价制度。在国家发展改革委建立的区域层面资源产出率核算框架下,浙江省在全国率先开展提高资源产出率研究,并将其列为2014 年度浙江省发展改革委重点研究课题,重点对以下几方面进行研究。

采用多种方法校验省域层面资源产出率基础数据。以国家层面提出的物质流分析方法为主,以投入产出分析法和大数据分析法为补充,采用三种研究方法相互校验,并注重"算统结合、测验结合"的原则:结合部门、协会、企业统计与测算数据,用产品推算资源;结合投入产出统计和经济普查数据,用价值推算资源;结合微观企业的税务数据推算省域调入调出资源,实现了三组数据对比验证、相互校核,在提高数据准确性的同时,又校验了物质流分析方法应用时存在的省域间物质调入调出的难点问题。结果表明,采用三种研究方法测算省域层面的资源产出率是可行的。

在国家研究基础上延伸、拓展和丰富了研究对象和范围。研究对象在国家 14 种资源的基础上,增加了水资源、土地资源和浙江特色矿产萤石资源,既满足国家测算要求,又体现浙江特色。研究方法涵盖了国家统计试点的第一、二次资源核算口径,实现可比。同时又结合浙江实际,从全产业链的角度研究主要资源开采加工利用所涉及的物质流向、流量、价值变化、环境影响等内容,更全面、更丰富地体现了浙江省的经济发展特征。

首次合理测算和评价了浙江省的资源产出率现状水平。研究通过多渠道的数据收集分析,测算得到 2010—2013 年基于 DMI、DMC、RMC 三种指标表征的资源产出率和年际变化情况,以及全省的资源循环利用率,并进行纵横向及结构、强度等分析,重点从本省角度,分析与国内先进省市、国外发达国家的差距和提升潜力。目的在于从经济发展与资源消费的角度,准确分析定位浙江省的现状水平与今后发展方向。研究认为,浙江省以占全国 3.9%的资源消费量支撑占全国 6.9%的 GDP 产出,浙江省 2010 年以来 27%的 GDP 增长是以近 10%的资源消耗增长为代价。总体而言,浙江省的资源产出率水平位于全国前列,并且预期可超额完成"十二五"规划提出的 15%增长目标。

首次分析了浙江省资源产出率提升的目标情景。本书研究对资源产出率目标进行三种情景设定,结合 GDP 年均增长率的三种方案进行预测,并根据资源消费和行业趋势进行研判,对浙江省的资源产出率提升可能性进行预测分析,认为"十三五"期间 GDP 年均增长 7%的情景下 2020 年以 RMC 表征的资源产出率在 2013 年的基础上可增长 29%左右。研究结论为浙江省"十三五"期间开展经济社会发展规划和循环经济发展等专项规划编制提供分析基础与发展目标确定的依据。

首次从物质流分析的视角研究提出浙江省资源产出率的提升路径,即缓解经济发展与环境保护这对主要矛盾的路径。本书通过物质流分析和案例研究,找到资源产出率提升的症结和重点,研究提出布局优化、结构调整、方式转变、技术创新和要素改革五大提升路径,并量化分析这些路径对提高经济产出、降低资源消费和减少污染物排放的作用与贡献,以期指导浙江省在经济发展新常态下,更好地推进经济转型升级、破解资源环境约束,促进绿色、循环、低碳发展。本书建议,下阶段要紧抓提高资源产出率这个"牛鼻子",更好地推进资源管理和循环经济发展相关工作。近期从加强规划融合、完善统计制度、健全法规标准、培育示范基地、强化支撑体系等方面,紧密衔接,协同发展,共同推进全社会的循环经济发展工作上一个新的台阶,为推进全省经济转型升级和生态文明建设提供有力支撑。

导　　论

　　经济发展与资源消费之间的关系是国际资源研究领域持续关注的问题，资源产出率就是其中之一。改革开放以来，我国取得了举世瞩目的经济发展成就，综合国力有了极大提高。在相当长时期内，政府以经济发展为主要目标，环境保护、资源节约、综合利用长期居于次要地位，形成了高投入、高产出的粗放型发展方式，同时也带来了高能耗、高污染的问题。进入 21 世纪以来，随着我国经济总量进一步增长，我国的资源、环境、生态矛盾更加突出，转变发展方式已经成为共识。如何科学评价资源投入与经济发展的关系、表征地区资源利用效率，已经成为政府和学界都关注的热点。

第一节　问题的提出

　　社会经济发展与资源环境限制的矛盾由来已久。早在 20 世纪 80 年代，改革开放极大促进了农业生产、工业发展、城市扩张，产生了对能源资源和水资源的巨大需求。在粗放型的发展方式下，能源资源和水资源都出现了有限供给与超限需求的尖锐矛盾。以单位产品能耗、单位产品取水量、万元 GDP 能耗、万元 GDP 取水量为主的能源资源、水资源利用效率评价指标迅速得到应用，节能和节水成为政府常态化工作。随着可持续发展理念的不断深入，更多类型的资源节约被提上了日程。2005 年，党的十六届五中全会提出了建设资源节约型环境友好型社会，并在《中共中央关于制定国民经济和社会发展第十一个五年规划的建议》中提出"发展循环经济是建设资源节约型、环境友好型社会和实现可持续发展的重要途径"。由此,发展循环经济在全国范围内不断得到深化,理论研究成果不断得到应用,推动我国社会经济发展方式从粗放型向集约型转变。循环经济是以低投入、低消耗、低排放、高效率为基本特征,符合可持续发展理念的经济增长模式,可以用资源产出率作为表征。

2012 年,国家发展改革委和国家统计局印发《关于开展资源产出率统计试点工作的通知》(发改办环资〔2012〕878 号),确定了北京市等 6 个省(区、市)全辖区,吉林省等 11 个省(区、市)部分地市、重点企业开展资源产出率统计试点调查工作,并印发了《资源产出率统计试点调查方案》(国统字〔2012〕48 号)。因此,从国家层面,已经在积极准备资源产出率核算和统计评价等相关工作。

在此试点工作基础上,国家《循环经济发展战略及近期行动计划》(国发〔2013〕5 号)确定了"十二五"期间我国主要资源产出率提高 15% 的目标,明确提出要建立循环经济统计评价制度,开展区域层面资源产出率研究工作,发布国家层面资源产出率指标。资源产出率是指地区生产总值与主要资源消费量的比值,提高资源产出率已成为表征国家和区域循环经济发展水平的关键核心指标。

党的十八大报告强调,发展循环经济,促进生产、流通、消费过程的减量化、再利用、资源化。《中华人民共和国循环经济促进法》指出:促进循环经济发展,提高资源利用效率,保护和改善环境,实现可持续发展。2014 年 12 月中央经济工作会议指出:环境承载能力已达到或接近上限,必须推动形成绿色低碳循环发展新方式。发展循环经济是我国经济社会发展的重大战略,是落实党的十八大精神加强生态文明建设的重要举措。

党的十九大提出要推进绿色发展。加快建立绿色生产和消费的法律制度和政策导向,建立健全绿色低碳循环发展的经济体系;推进能源生产和消费革命,构建清洁低碳、安全高效的能源体系;推进资源全面节约和循环利用,实施国家节水行动,降低能耗、物耗,实现生产系统和生活系统循环链接。

浙江省一直以来都十分重视循环经济工作。2003 年,时任浙江省委书记习近平同志提出了浙江省面向未来发展的八项举措,即"八八战略",其中第五条即为"进一步发挥浙江的生态优势,创建生态省,打造'绿色浙江'"。2005年6月21日,时任浙江省委书记习近平同志在全省循环经济工作会议上提出:要大力发展循环经济,积极探索科学发展的新路子,把浙江省建设成为我国循环经济发展的示范区。之后,历届省委省政府一任接着一任干,努力把循环经济发展理念贯穿到产业发展、城乡建设和社会生活中,走出了一条具有浙江特色的循环经济发展之路。

　　2007年12月,浙江省被国家发展改革委等六部委确定为循环经济试点省,浙江省政府印发实施了《浙江省循环经济试点实施方案》。2010年5月14日,李克强同志主持召开循环经济工作座谈会,对作为地方唯一代表参加会议的浙江省领导提出了"率先发展循环经济,走在东部经济发达地区前列"的要求。2010年11月,浙江省政府印发的《关于加快循环经济发展的若干意见》明确了"形成具有浙江特色的循环经济发展模式,率先建成全国循环经济发展示范区"的目标任务。经过多年的不懈努力,浙江省循环经济发展取得了显著成效,总体上走在全国前列。国家还鼓励浙江省再进一步探索经济发达地区发展循环经济实现发展和保护共赢的好模式和新经验。

　　然而,作为资源小省和经济大省,浙江省人均土地面积不足全国平均水平的1/3,人均水资源占有量居各省区市第15位,一次能源95%以上由省外调入,矿产资源人均拥有量不足全国平均水平的5%,主要资源能源对外依存度很高。要实现浙江省委提出的实现"四翻番"和建设"两富"现代化浙江的战略目标,将面临资源和环境的双重压力。

　　为解决社会经济发展与资源环境的尖锐矛盾,浙江省大力推动发展方式转型,深入践行"两山理论",大力发展循环经济,走出了一条具有浙江特色的社会经济发展道路。2020年4月,习近平总书记到浙江考察,对浙江提出了"努力成为新时代全面展示中国特色社会主义制度优越性的重要窗口"的新目标新定位。浙江省委十四届七次全体扩大会议提出了建设"重要窗口"的具有中国气派和浙江辨识度的十个重要窗口和十三项重大标志成果,其中"重要窗口"就有"努力建设展示人与自然和谐共生、生态文明高度发达的重要窗口","重大标志成果"就有"走好具有浙江特色的生态文明建设和可持续发展之路"。因此,在相当长一段时间内,浙江省还将按"八八战略"走下去,坚持发展循环经济。

浙江省于 2014 年开展了《浙江省提高资源产出率研究》,深入研究资源产出率问题。此后,杭州市、衢州市等设区市也相继开展资源产出率方面的研究,并实际应用于循环经济示范试点建设。提高资源产出率已经成为浙江省破解资源环境约束的重要手段和创建全国循环经济示范省的重要举措,对推动浙江省循环经济发展相关工作、树立全国省级层面开创资源产出率研究的示范都具有重要意义。

第二节 理论演进

循环经济与传统经济理论的区别在于,不仅考虑价值循环,也考虑经济系统、环境系统的物质循环。社会经济系统的物质循环情况可以用物质流分析方法开展定性和定量研究,从而为循环经济政策的制定和评价提供科学依据。

资源产出率为地区生产总值与主要物质资源利用量的比值,其计算公式如下:

$$资源产出率 = \frac{地区生产总值}{主要物质资源利用量}$$

核算研究区域内资源利用量是资源产出率指标计算的关键所在,一般通过物质流分析(Material Flow Analysis,MFA)方法获取。因此,对资源产出率的研究在本质上是对 MFA 的研究。

MFA 是根据质量守恒原理,考察经济系统内物质的输入、输出、存量和流动转化过程的一种方法,用于核算资源的利用和对环境的影响。根据研究的对象,MFA 分为经济系统物质流分析(Economy-Wide Material Flow Analysis,EW-MFA)和元素流分析(Substance Flow Analysis,SFA)。前者将经济系统视为黑箱,考察进出经济系统边界物质的总量与结构;而后者需打开经济系统的黑箱,关注单独的元素或化合物在经济系统内部代谢的源、汇、流等路径。除此之外,投入产出分析法和大数据分析法也开始应用于 MFA 研究。

一、EW-MFA

（一）基本框架与指标体系

19 世纪物质守恒定律的发现为物质流分析奠定了理论基础。EW-MFA 研究可以追溯至 20 世纪 60 年代。美国的 Wolman 提出了城市代谢的概念，并以虚拟的美国城市为例计算了城市资源输入量和废弃物输出量。美国的 Ayres 和 Kneeses 将物质平衡引入国家级经济系统，开展了国家物质流分析。经过多年的发展，EW-MFA 研究在 20 世纪 90 年代得到西方国家的重视，德国、日本、奥地利等国开展了本国经济系统物质流研究。

自 2001 年欧盟统计局发布 EW-MFA 编制方法导则以来，国家层面的 EW-MFA 核算研究已形成了较为成熟的框架。该框架将物质世界分为自然环境系统和经济系统两个子系统，按照质量守恒原理对进出系统边界的各种物质进行核算。其中，经济系统被视为黑箱，其输入的物质主要包括国内开采使用量 DEU 和进口物质，而输出的物质则主要包括返回到自然环境中的废弃物和排放物 DPO 和出口物质。

根据欧盟统计局的 EW-MFA 的标准框架，进入经济系统内的所有物质资源都需要核算。2012 年版本的欧盟统计局资源统计调查表将国内开采的原生资源分为 4 大类，共计 51 小类资源（具体约 260 多种资源），包括 20 小类生物质、15 小类金属矿石、10 小类非金属矿产和 6 小类化石能源物质。而进出口的资源则不仅仅包括这些初始资源，还包括由这些资源加工制造的半成品和成品。

根据 EW-MFA 的核算框架和质量加和的指标综合方法，可得到经济系统的物质输入与输出的系列基本指标。这些指标可分为直接流指标和包含间接流或隐藏流的综合指标。直接流指标，如直接物质投入 DMI 和区域内资源消耗 DMC 等，表征经济系统的直接物质利用量。包含间接流或隐藏流的综合指标，如区域原始资源消费当量 RMC 等，表征经济系统的生命周期过程的物质利用量。

EW-MFA 的基本指标与国内生产总值、人口、土地面积等社会经济指标相结合，可衍生出一系列效率、强度、投入产出比、贸易等指标。其中，GDP 与资源利用量（如 DMC）的比值，即资源产出率（RP），在世界许多国家的资源与环境政策领域应用广泛，也被中国政府用作衡量循环经济发展水平的综合指标。

（二）应用现状

在国际上,日本、欧盟等国都陆续将基于 EW-MFA 的指标用于政策制定,中国政府亦有不少举措。

日本将基于 DMI 的资源产出率(即 GDP/DMI)作为其"物质循环型社会"的目标之一,在其三阶段的政策文件中连续设定了资源产出率的提升目标,即 2000—2010 年提高 40%,到 2015 年提高到 42 万日元/吨,到 2020 年提高到 46 万日元/吨。日本环境省每年发布其资源产出率指标,监测其物质循环型社会建立的进展情况。

欧盟将基于 DMC 的资源产出率(即 GDP/DMC)作为"欧洲资源效率路径"的引领指标和"可持续生产与消费"的首要指标,并且建立了专门的数据库,每年发布欧盟各国的资源产出率指标,动态监测相关政策效果。自 2011 年以来,欧盟一直在讨论以 RMC 替代 DMC,从而作为"欧洲资源效率路径"的"引领指标",但目前尚未定论。

中国的 EW-MFA 直接流指标核算研究始于 2000 年左右,许多研究者以中国为研究对象开展了 EW-MFA 核算研究。由于对核算方法理解的差异,以及对资源(特别是对砂石资源和生物质资源)取舍的不同等原因,国内外各机构对 EW-MFA 核算得到的直接流指标在结果上还具有较大的差异。

在政府层面,中国将提高资源产出率作为发展循环经济的目标,并且在"十二五"规划中设定了资源产出率提高 15% 的预期性目标。尽管未见官方正式发布的具体指标类型及其测算方法,但从网络相关渠道所获取的各类资料①来看,中国拟采用基于 DMC 的资源产出率指标作为国家层面的资源产出率指标、基于 RMC 的资源产出率指标作为省/市/县域层面的资源产出率指标。各指标的测算基本尊重 EW-MFA 的框架。与欧盟和日本所不同的是,按

---

① 将资源产出率作为"十二五"时期经济社会发展主要指标的理由。http://wenku.baidu. com/view/06a5674ee518964bcf847c4f.html,《国家统计局 国家发展改革委关于印发资源产出率统计试点调查方案的通知》(国统字〔2012〕48 号)。http://wenku.baidu.com/view/d97429583-12b3169a451a4ac.html? re=view&pn = 50,《国家发展改革委关于组织开展循环经济示范城市(县)创建工作的通知》(发改环资〔2013〕1720 号)。http://hzs.ndrc.gov.cn/newzwxx/201309/t20130911_558097.html. http://wenku.baidu.com/link? url = NaZ4iQToiELWgQYlUrpjoPPfSOT4-Ea1Ufiy_eosOpvFeEzFp6wu0L1utplpcDjuClVAZaJw7ao6mI1GS2VWqbC-OVj5z0WgsfePo43Rf6-a.

照作用重要、消耗量大、供给稀缺和数据可得的原则,共筛选了 14 种资源作为 DMC 和 RMC 的核算资源。其中,RMC 的测算通过各类二次资源的消耗量按照一定的系数折算为原始资源的消耗量加总得到。为通过统计途径准确获取各类二次资源的消耗量数据,国家发展改革委和国家统计局已共同开展了两期的试点统计工作。第一批统计试点于 2010 年启动,范围涉及 5 个省;第二批试点于 2012 年启动,范围涉及 17 个省。

（三）小结

当前 EW-MFA 研究已取得丰富的研究成果,成为资源与环境管理领域非常重要的研究工具,但其仍然存在以下三方面不足,需进一步改进和提高。

从 EW-MFA 核算指标来看,包含间接流或隐藏流的综合指标的核算研究相对较少。其主要原因是核算或估算方法不统一和数据可得性较差。不过这些综合指标能够衡量经济系统物质代谢在生命周期过程中的资源利用量与环境压力,能够用于研究国际贸易中资源与环境压力转移问题。因此,其研究不仅成为当前的研究热点,而且在政治层面上也有讨论。加强这些指标的核算或估算方法研究很有必要。

从研究视角来看,当前 EW-MFA 重点关注系统边界上的输入和输出物质,将社会经济系统视为黑箱,较少关注经济系统内部物质流动的路径、结构和规模。从物质流的角度考察系统内部结构和规模,能够为全面监测和评价经济系统的运行状况提供有效工具。这项研究已经成为 EW-MFA 所关注的重点。尽管目前已有一些基于实物量投入产出表的分解研究尝试,但未来仍需要进一步加强相关方面的方法研究,如生命周期分析方法。

二、SFA

SFA 关注某一种特定的元素或化合物,追踪物质在经济系统内部代谢的路径,是一种“链”分析。SFA 通过描述特定地区一定时间内经济系统内部、自然环境内部、经济与环境之间物质的流动和贮存,识别环境中有害物质的来源,评价物质利用效率和对自然环境造成的影响程度。2000 年以后,SFA 逐渐成为产业生态学领域中对实体经济代谢定量化研究的基本分析工具之一,特别是在国家物质循环分析、城市物质代谢分析、流域营养元素代谢分析等方面得到了广泛的应用。

（一）研究现状

国外已有 SFA 研究按研究目的大致可以分为三类。一是针对环境污染物质,如有机物、金属元素和营养元素等进行物质迁移路径追踪或者环境影响分析。二是针对一些战略性材料尤其是金属进行全生命周期的代谢分析。三是进行重要物质的社会库存量分析。

污染物迁移路径追踪及环境影响分析。SFA 早期研究主要对环境污染物质在生命周期各个阶段的环境影响进行分析,追踪产生这一环境问题的根源。在全球层面上,Thomas 和 Spiro 曾分析了全球铅和镉的开采、使用以及其向环境排放的情况和对人类健康与生态环境的影响,Ayres 等曾对全球层面的碳氮循环进行研究。在国家层面上,Cain 等曾对美国主要的含汞产品从生产、分配到使用、处理整个生命周期过程向大气、水和土壤的汞排放量进行分析。在城市和区域层面上,Lindqvista 等曾比较了瑞典 3 个不同城市的镉代谢案例。

战略性资源生命周期代谢分析。针对战略性资源在国家或者全球层面的代谢分析始于 20 世纪 90 年代。最为典型的代表是 2002 年以来耶鲁大学产业生态学中心所开展的关于金属资源等战略性资源的代谢分析。该项目提出了 STAF 框架,旨在从金属的全生命周期过程中识别各库存与流、评估流向环境的耗散流,并且为资源政策和环境政策提供基础信息。该项目研究了许多重要的金属资源如铜、锌、银、铬、铅、铁、镍等在全球和国家层面的代谢、循环、库存等情况。

物质的社会库存量分析。物质的社会库存量分析是 SFA 的研究重点之一。2000 年以后,国外学术界对物质社会库存量的研究开始大量出现。主要研究方法包括自下而上法和自上而下法。"自上而下"法,即根据质量平衡原理计算出在某一特定年进入社会库存的量,如铜、铅、锌等金属在全球或者国家层面的社会库存研究。"自下而上"法是基于系统内包含该物质的不同服务单元的数量和这些服务单元中该物质的使用强度数据,将其相乘得到库存量,如城市层面上所应用的存量估算方法。

我国国内应用 SFA 的研究出现在 2000 年以后,成果相对较少。从研究对象来看,国内研究以金属和营养元素为主;研究系统的地域边界多为国家层面,也有地区(流域)和行业层面;研究内容侧重于刻画某一物质在一年内的静态循环过程。

在对金属的 SFA 研究方面,陆钟武较早地开展了相关理论研究和实践应用,提出了钢铁产品的生命周期铁流图;毛建素研究了铅工业中铅的工业代谢;岳强和陆钟武对中国 2003 年的铜循环现状进行了分析;陈伟强等人开展了 2005 年中国铝物质流分析。

国内对营养元素的 SFA 分析目前主要集中在磷元素上。刘征等运用物质流方法对我国磷资源产业的整个生命周期进行定量描述和分析;刘毅和陈吉宁开展了磷元素在我国和滇池流域的 SFA 研究。

国内有关物质的社会库存量的研究较少。楼俞和石磊采用"自下而上"的方法,通过确定金属使用单元的数量和强度再逐层累加计算出邯郸市 2005 年的钢铁和铝存量。

(二) SFA 的研究进展总结

综上所述,SFA 已经取得了丰富的研究成果,在环境管理方面得到了重要应用。但 SFA 研究仍然存在一些局限性,需要从以下三方面加强研究。

第一,加快构建各类 SFA 研究的基础数据库,简化分析过程,提高结果的可信度。目前 SFA 研究在很大程度上受限于数据的可得性和可信度,在数据的收集和整理上依赖于大量的假设和参数估算。这不仅增加了研究的工作量,也降低了结果的可信度和深度,限制了 SFA 的应用。因此,针对不同的研究目的、研究对象和研究区域,构建具有针对性的基础数据库非常重要。这一方面需要进一步健全目前的统计体系;另一方面需要加强基础性调研和研究,不断充实行业、国家和区域的物质代谢数据库。

第二,注重 SFA 研究应与其它研究方法的结合,增强研究结果所蕴含的环境、经济和社会研究价值。目前的 SFA 研究很少考虑经济和社会等因素,因而研究所得出的结论大多只能为决策或管理提供一种导向而无法直接应用。因此,未来的研究应增强研究结果的直接指导意义,如开展物质流动背后的驱动因素分析。

第三,加强对中小尺度物质代谢状况的研究。目前的研究尺度多为大尺度(如世界、国家尺度),中小尺度(城市、开发区和工业园区、生态敏感区等尺度)研究将会逐渐加强。开展国家尺度之下 SFA 研究,除数据获取较难外,需要解决如何界定地区 SFA 核算中的进口、出口,以及区分国内地区间进出口、国际进出口的问题。

三、投入产出分析法

投入产出分析法由著名美籍俄裔经济学家、1973 年诺贝尔经济学奖获得者 Wassily Leontief 于 1936 年创立,其理论基础是瓦尔拉的一般均衡模型。自此,世界各国和各地区分别编制投入产出表,揭示经济结构和经济部门之间的相互关系。20 世纪中叶,投入产出分析法开始在传统的经济部门分析的基础上引入物质、能量或环境影响的内容,开始扩展到产业范畴。

投入产出分析法因其独特的矩阵结构,可以体现出行业与行业之间的交换。使用实物型投入产出分析法进行物质流的研究有助于打开物质流系统的"黑箱",明晰行业与行业之间的物质交换,为政策制定者提供详细的参考。通过投入产出表求列昂惕夫逆的应用,也可以通过考虑完整的经济结构网络得出某一行业的全部资源效益,为政策制定者提供资源使用相关的行业政策抓手。

日益突出的资源环境问题促进了国内外学者对国民经济核算体系中资源、环境账户体系的研究,经济系统物质流核算包含物质供给和使用表(PSUT)、物质投入产出表(PIOT)、废弃物账户和资源账户等。其中,PIOT 记录了国民经济核算体系定义的经济活动中的全部物质流,包括物质产品的流量、来自自然环境的物质开采、排放到自然环境的废弃物供给和使用以及存量变化。与 MIOT 相类似,PIOT 可以作为不同数据来源的综合框架,应用物质平衡原理能够将数据资源进行连贯一致的整合,可以使分类和数据收集方法达到同质性的要求。由于 PIOT 与传统的价值型投入产出表(MIOT)使用相同的生产活动分类,因此 PIOT 也可用于核算和建模。PIOT 和 MIOT 的数据可以结合起来作为支撑环境—经济分析和政策建模的有效工具。然而,PIOT 的编制尚处于起步阶段,只有丹麦、欧盟、德国、芬兰、意大利、荷兰、新西兰和西班牙等几个国家编制过国家层面的物质投入产出表。大多数的国家物质投入产出表编制年份在 20 世纪 90 年代,只有丹麦将其 PIOT 更新到了 2002 年。其主要原因在于 PIOT 的设计与编制以及建模技术方面还没有形成协调一致的标准方法。

2006年徐一剑和张天柱以 EW-MFA 为框架,结合投入产出分析对经济系统结构概化的方法,建立了基于三维物质投入产出表的区域物质流分析模型,并以河南省义马市为研究区进行了基于三维 PIOT 的物质流分析。因此,结合物质流分析方法和投入产出分析方法,将有助于更好地分析经济系统内部的关系。

然而由于数据搜集困难,当前国内许多学者仅就物质投入产出核算框架体系进行了设计。在数据采集方面,当前我国统计部门逢2和逢7年份编制和发布一次投入产出表,逢5和逢0年份编制延长表,且均为价值型投入产出表。而资源产出率核算按照实物量核算,投入产出表中价值量与实物量的换算既是核算中关键问题之一,也是难点之一。因此投入产出表需要与现有的各种统计资料及典型企业调查数据联合使用。

四、大数据分析法

大数据分析方法本质上是一种数据挖掘方法。与调查表、数据统计等传统的数据获取渠道相比,大数据分析方法可以部分或全部绕过这些传统渠道,获取到与之精度相近的结果,可以在数据来源受限时获取数据,也可校验传统渠道获取的数据。

在诸多的数据来源中,税务数据是其中重要的数据来源。一方面,税收工作基本全方位覆盖,积累了大量的数据,初步具备了数据应用条件;但另一方面,由于各生产系统独立、分散,数据重复、零散、共享度低,而且数据的指标、口径存在差异,也为数据应用工作带来一定难度。目前利用税务数据的研究较少,代表性的研究有李荣、刘建丽、张欣等人的研究。

第三节　框架安排

一、研究目的

本书旨在全面掌握浙江省主要资源的生产消费情况,着重掌握重点行业、重点区域的资源生产消费情况,从全产业链的角度构建浙江省主要资源的物质流分析模型,测算评价浙江省的资源产出水平。在此基础上,分析并提出提高浙江省主要资源产出率的路径和政策建议,促进绿色、循环、低碳发展,为推进全省经济转型升级和生态文明建设提供有力支撑。

二、研究范围

研究范围为浙江省域范围。

研究的主要资源包括纳入国家层面资源产出率核算的 14 种资源,即 3 种能源资源(煤炭、石油、天然气)、9 种矿产资源(铁矿、铜矿、铝土矿、铅矿、锌矿、镍矿、石灰石、磷矿、硫铁矿)、2 种生物资源(木材、工业用粮)。同时根据浙江省发展实际和资源特色,增加萤石矿资源,独立核算水资源和土地资源,总共 17 种资源。

三、研究内容

围绕研究目的,本书在以下几方面进行了重点研究。

(一)浙江省资源环境现状与问题

分析浙江省金属资源、非金属资源、生物质资源、水资源、土地资源等资源禀赋状况,结合对应这些资源的主要资源产业发展现状,分析浙江省资源利用、环境保护所出现的问题。

(二)资源产出率测算方法

基于主要资源的生产消费、产业发展情况等分析基础,采用三种方法对省域范围内资源产出率进行测算,即物质流分析方法、投入产出分析方法、大数据分析方法。以国家统计试点推荐的第一、二次资源核算口径和根据浙江省主要资源产业情况研究提出的全产业链的两种口径,对浙江省资源产出率进行测算,并进行纵横向及结构、强度等方面的分析。重点从浙江省角度,研究资源产出率的相对值变化。并进一步与国外发达国家、国内先进省市进行比较分析,找出差距和提升的空间和潜力。

(三)资源产出率预测分析

以 2020 年为目标年,预测浙江省经济增长态势。再根据是否包含浙江省特色的萤石资源分析两种口径下的浙江省资源消费总量,并对钢铁、有色金属、能源、石灰四类资源进行趋势预测。最后提出 2020 年的资源产出率目标和资源消费控制目标。

(四) 资源产出率提升路径

根据浙江省主要资源的禀赋、消费、特点等,提出布局优化、结构调整、方式转变、技术创新、要素改革等方面的资源产出率提升路径。

(五) 对策建议与展望

为做好循环经济的顶层设计,从加强规划融合、完善统计制度、健全法规标准、培育示范基地、强化支撑体系等方面提出提高浙江省资源产出率的对策建议。并从拓展研究内容、完善研究参数、丰富研究对象、延伸时间尺度等方面对研究进行展望。

第四节　研究方法

本书使用物质流分析方法、投入产出分析法、大数据分析法对浙江省资源产出率进行研究。

本书使用 EW-MFA 和 SFA 这两种物质流分析方法开展浙江省资源产出率研究。EW-MFA 用于经济系统物质代谢过程的总体资源消费量及资源产出率的核算研究,从而核算资源产出率;SFA 用于所选取的 15 类物质资源(不包括土地、水)的代谢分析,追踪物质在经济系统内部代谢的源、汇、流等路径,从而寻找提高资源产出率的途径。本书采用部门行业专家咨询、典型企业调研、测算估算等方法来获取进出系统边界的各物质资源数据。

本书使用投入产出分析法,通过投入产出统计数据和经济普查数据,用资源、产品的价值反演资源数量,从而得到进出浙江省边界的物质流,与物质流分析方法得到的结果相互验证。

本书使用大数据分析法,对规模巨大的微观税务数据开展数据挖掘和数据分析,从中推算出资源实物量数据,用于计算物质代谢中各环节的物质流数据,与物质流分析方法得到的结果相互验证。

第一章　浙江省资源环境现状与问题

　　浙江省人口密度高、环境容量小、资源自给率低,改革开放以来,全省上下合力、充分利用国内外两个市场,从资源小省发展成为经济大省、经济强省。进入新时期,经济高质量发展面临更大的资源环境压力,资源约束加剧,陆域小省的发展局限开始凸显。目前,浙江省主要资源的对外依存度达到78%以上,作为制造业发展大省,二次资源生产消费居全国前列,其中铜、萤石、能源、铝、铅生产量居全国前五,铜、铅、锌等资源加工利用量占全国的15%以上,能源、铝、木材等资源加工利用量也超过全国的5%。资源综合利用水平高,再生铜、铝和铁利用率分别为45%、35%和16%,废旧木材回收利用率达到60%。与此同时,环境负荷日益加大,资源环境承载能力十分有限,环境污染攻坚战取得良好成效,减排空间日益缩减,污染控制压力增大,资源小省的资源环境约束日益凸显。

第一节　浙江省资源禀赋状况

　　浙江省矿产资源总的特点是丰歉并存,陆域燃料(煤炭、石油)矿产贫乏;金属矿产匮乏,多为小矿、贫矿;非金属矿产丰富,萤石、水泥用石灰石探明资源储备量位居全国前列。黑色金属矿主要分布在绍兴等地;有色金属矿产全省均有分布,其中铜矿较集中分布于绍兴和杭州,铅、锌等多金属矿产遍布全省。非金属矿产遍布全省,其中普通萤石主要分布于金华、丽水、湖州、杭州等地,水泥灰岩主要分布于杭州、湖州、衢州、金华等地。

2013 年浙江省各主要资源禀赋见表 1-1。

表 1-1 浙江省主要资源禀赋（2013）

资源种类	查明资源储量			开采量（万吨）
	浙江省（万吨）	全国（万吨）	全国占比（%）	
铁矿（矿石）	11900	7985000	0.15	121.28
铜矿（铜）	23.90	9111.89	0.26	39.54
铝土矿（矿石）	0	402337.59	0	0
铅矿（铅）	119.07	6737.2	1.77	9.59
锌矿（锌）	222.43	13737.66	1.62	9.59
镍矿（镍）	0.37	901.06	0.04	0
水泥用灰岩（矿石）	316300	11988300	2.64	9892
硫铁矿（矿石）	326.96	17766.7	1.84	5.65
磷矿（矿石）	1800	2057100	0.09	0
萤石矿（矿石）	3298.48	19305.34	17.09	80.66
原木	1.15（亿立方米）	125（亿立方米）	0.92	76.4
石油	0	324000	0	0
煤炭	0	137789000	0	0
天然气	2000（亿立方米）	40000（亿立方米）	5	0

一、金属矿产资源情况

浙江省金属矿产资源十分匮乏,金属矿产资源对外依存度超过80%。小型矿山和小矿山占全部金属矿山总数的93%,仅个别达到大中型规模,且矿石组成复杂,共伴生多种元素。其中,铁矿资源较为有限,储量为11900万吨,且均为贫矿,铁矿开采量为121.28万吨,开采集中在绍兴、丽水、杭州三市。铜矿资源储量为23.90万吨,现有铜矿6个,生产以杭州建铜集团有限公司和绍兴铜都矿业有限公司为主,两矿山合计矿石产量和矿业产值占全省总量的85%以上。浙江省铅矿基储量119.07万吨,铅的产量仅9.59万吨;锌矿储量222.4万吨,产量仅为9.59万吨。全省镍矿查明矿区3个,保有资源储量

0.37 万吨,3 个矿区全部为伴生矿区,分布于杭州市和绍兴市,均不进行镍矿开采冶炼。

二、非金属矿产资源情况

浙江省非金属矿产资源相对较为丰富,特别是萤石矿查明资源储量3298.48 万吨,占全国 17.09%,开采量为 80.66 万吨,主要分布在衢州等地;浙江省石灰石资源储量 33.7 亿吨,水泥用灰岩 31.63 亿吨,占全国 2.64%,开采量为 9892 万吨,主要分布于杭州、湖州、衢州等地。全省硫铁矿查明资源储量 326.96 万吨,占全国 1.84%,全省唯一开采硫铁矿的企业是巨化化工矿业有限公司,开采量为 5.65 万吨。全省磷矿查明资源储量 1800 万吨,占全国0.09%,主要分布于绍兴市,由于磷矿开采对环境破坏较大,浙江省尚未有磷矿开采,所需磷矿主要从湖北、江西、云南、贵州购入。

三、木材和工业用粮情况

根据第六次全国森林资源清查数据显示,浙江省森林面积 553.9 万公顷,占全国比重 3.17%;蓄积量 1.15 亿立方米,占全国比重 0.92%。全省森林覆盖率 57.4%(不含其它灌木林面积),森林覆盖率居全国前列;全省森林生态系统多样性较丰富,素有"东南植物宝库"之称;毛竹的面积和株数名列全国前列,与此相对应的竹林经济发展状况良好。浙江省木业经济几乎为"零资源",2012 年全省自产一次资源原木 154.45 万立方米,而根据测算,全省木材资源消费量约为 900 万立方米,相当于存在近 750 万立方米缺口需要外来输入。浙江省是粮食生产小省,粮食产量远不能满足消费需求,浙江省为粮食净调入省,2013 年工业用粮消费量 124.4 万吨,根据对浙江省典型工业用粮企业的实地调研,这些企业在生产黄酒、啤酒、调味品等主要工业用粮产品所需的粮食基本上从省外输入,即从省外购进或国外进口。

四、化石能源情况

浙江省属于能源消费大省,却是能源资源小省,能源开采量极小。浙江省每年消费的煤炭全部依赖外省调入和进口,石油也是高度依赖进口和调入。

天然气方面,2014年7月省内东海丽水气正式试生产,年产量3亿立方米,远远满足不了浙江省巨大的天然气需求。浙江省的能源消费需求量大,2013年全省能源消费总量18820万吨标准煤。其中,煤炭消费14591万吨,石油及制品消费2814万吨,天然气消费55.5亿立方米,水电、核电、风电等可再生能源的消费量548亿千瓦时。

五、水资源情况

浙江省多年平均水资源量955亿立方米,2013年人均水资源拥有量为1693立方米,低于全国平均水平2200立方米,仅为世界人均水平的1/4。全省年总供水量222.31亿立方米,其中地表水源供水量为218.13亿立方米,占98.1%;地下水源供水量3.34亿立方米,占1.5%;其他水源供水量0.85亿立方米,占0.4%。全省年总用水量为222.31亿立方米,其中农田灌溉用水75.78亿立方米,占总用水量的34.1%;林牧渔畜用水15.51亿立方米,占7.0%;工业用水量为60.74亿立方米,占27.3%;城镇公共用水量13.97亿立方米,占6.3%;居民生活用水量为27.62亿立方米,占12.4%;生态环境用水4.51亿立方米,占2.0%;环境配水量24.19亿立方米,占10.9%。

六、建设用地情况

浙江省土地面积10.54万平方公里,占全国土地面积的1.06%,地形复杂,以及"七山二水一分田"的土地格局制约着浙江省经济的进一步发展。在浙江省土地利用现状中,林地所占比例最大,为53%,耕地次之,为19%,城镇村及工矿用地为9%,以下依次为园地、水利设施用地、交通运输用地等。浙江省建设用地利用水平较高,并逐年上升,2012年全省万元二、三产业增加值用地量为40平方米,比2005年下降了44%。

第二节　浙江省资源产业发展现状

浙江省以主要资源为原料的生产制造业发达,装备制造业产品种类较齐全,是继广东、江苏和山东之后的第四大装备制造业大省。其中,金属制品业、通用设备制造业、电气机械及器材制造业、仪器仪表及文化办公用机械制造业等 4 个行业总产值占全国同行业的比重超过 10%;泵、阀、风机、轴承、环保设备、仪器仪表制造的产量比重居全国第一;纺织服装皮鞋专用设备、塑料工业专用设备的产量比重居全国第二;汽车仪器仪表、电线电缆、汽车零部件及配件、冷冻设备的产量比重居全国第三。

浙江省又是典型的进出口和贸易大省,外贸型经济结构凸显,一次资源主要依赖进口和调入,金属制品尤其是有色金属产品和木材的出口和调出量较大。浙江省通过市场竞争实现资源要素"合理配、优质配、合法配、高效配",加大土地要素配置改革、水电气要素配置改革、环境资源配置改革、金融要素配置改革和科技体制改革力度,土地、水、电、环境容量等资源逐步形成反映资源稀缺程度的价格调节机制,资本、技术、人力资源等生产要素逐步利用市场机制实现优化配置,市场对资源要素配置的决定性作用得到有效发挥,要素集约利用水平明显提高,较好适应经济增长方式逐步转型。民营经济是浙江省发展的发动机,是市场化取向改革的探路者,浙江省连续出台了促进非公有制经济发展、鼓励民间投资、支持浙商创业创新等一系列政策意见,引导民营企业制度创新、管理创新和技术创新,民营经济贡献了浙江全省 60% 以上的生产总值、60% 左右的外贸出口、50% 左右的税收和 90% 以上的社会就业,是浙江省产业发展和资源利用效率提升的重要推动力量。浙江省 2013 年主要资源的重要产品的生产情况见表 1-2。

表 1-2　浙江省主要资源重要产品生产情况(2013)

资源种类	重要产品	产量	全国占比（%）	全国排名	对外依存度（%）
钢铁	钢材	3823.44	3.5*	9*	85*
铜	铜材	249.7	20*	1*	94*
铝	铝材	185.4	9.6*	5*	80*
铅	铅蓄电池	18.09	17.11	5	78.34
锌	镀锌和锌合金	11.58	19.64	6	87.92
镍	镍	0	—	—	100

资源种类	重要产品	产量	全国占比（%）	全国排名	对外依存度（%）
石灰	水泥	12462.9	5.3	6	20.7
硫	硫酸	147.51	3.2	19	91.39
磷	黄磷、磷肥	8.57（折 P_2O_5）	0.21	28	100
萤石	氢氟酸	80.56	18	1	50
原木	木材	151.55	4.81	7	82.5
石油	汽油、煤油、柴油等	2730.29*	5.73*	4*	100*
煤炭、天然气	电力、热力	电力：2272.9 亿度；热力：45007.9 万百万千焦	6.35	4	100

注：带 * 是 2012 年数据。

一、冶金产业

2013 年浙江省规模以上钢铁、有色工业企业 1773 家，工业总产值 4958.8 亿元，同比增长 6%，其中：钢铁工业 2600.7 亿元，同比增长 3.3%；有色金属工业为 2358.2 亿元，同比增长 9.2%。全年浙江省共生产粗钢 1733.2 万吨，同比增长 6.6%（其中不锈钢粗钢 171 万吨，增长 9.4%），钢材产量 3823.44 万吨，同比增长 13.75%。全省十种有色金属产量为 38.5 万吨，同比下降 22%，其中：铜产量 26.2 万吨，同比下降 11.3%；锌产量 4.4 万吨，增长 4.1%；原铝产量 7.7 万吨，下降 49.7%，生产铜材 249.7 万吨，同比增长 15.4%；铝材 185.4 万吨，增长 17.2%。

2013 年全省规模以上冶金工业实现主营业务收入 4817.2 亿元，同比增长 7.7%。全行业实现利润 128.5 亿元，增长 19.6%。钢铁工业利润上亿的企业有 10 家，利润总额达 32.78 亿元，占钢铁工业利润总额的 48.56%；有色金属工业利润上亿的企业有 3 家。全年浙江省冶金行业实现利税 208.22 亿元，同比增长 17.23%。2013 年全省冶金工业科技活动经费共支出 31.36 亿元，同比下降 16.46%，其中：钢铁工业为 18.47 亿元，下降 27.06%；有色金属工业为 12.89 亿元，增长 5.49%。新产品产值为 1144.18 亿元，同比增长 31.15%，其中:钢铁工业为 590.88 亿元,增长 19.8%;有色工业为 553.30 亿元,增长 45.88%。新产品产值率为 23.1%,同比增长 4.4%。

浙江省是特种钢大省,不锈钢、工模具钢等是主要产品,其产量约占全国不锈钢总量的 1/4,宁波、温州、嘉兴、湖州、丽水等地建成了各具特色的不锈钢企业集群,已形成以废钢熔炼为龙头,压延加工及棒、线、管、板材精深加工为特色的较为完善的特种钢产业链。2010 年全省(不含宁波)共有特种钢炼钢企业 79 家,精深加工及制品企业近千家,炼钢产能合计约 652 万吨。其中,不锈钢产能 613 万吨,产量约占全国的 1/4,不锈钢无缝钢管、棒材、管坯产量占全国的 70%;工模具钢产能 39 万吨,高速工具钢及模具钢产量居国内前列。浙江省钢铁产业以压延加工为主,杭钢、宁钢已成为国内钢铁行业的重点骨干企业,截至 2012 年底,全省拥有规模以上钢铁企业 990 家,全年实现工业总产值 2470 亿元,约占全国的 3%。

截至 2012 年年底,浙江省铜冶炼能力 55 万吨,铜加工能力 300 万吨,有色金属加工规模位居全国第 4 位,铜加工居全国第 1 位。2012 年浙江省铜材产量 2204193 吨,其中管材 678217 吨,线材 483512 吨,棒材 447033 吨,占比约 73%,带材 287425 吨,板材 117304 吨,排材 57426 吨,箔材 2907 吨,其他材 130372 吨。浙江省铜材加工和铜下游产业主要集中在台州、宁波、杭州、绍兴地区,形成了铜资源生产加工产业链和产业集群,为全省电力、家用电器、交通运输和电子通信等制造业提供支撑,省内重点的有色金属企业有海亮、金田、宏磊、齐合天地、博威等。

二、非金属矿产资源产业

石灰石是制造水泥、石灰、电石的主要原料,是冶金工业中不可缺少的熔剂灰岩,优质石灰石经超细粉磨后,被广泛应用于造纸、橡胶、油漆、涂料、密封、粘结、抛光等产品的制造中。其中,水泥、碳酸钙、石灰生产是最主要的产业。浙江省是水泥生产大省,2013 年全省的水泥产量 1.25 亿吨,人均水泥产量 2.3 吨,远高于全国的 1.7 吨和全球平均水平 0.57 吨。碳酸钙和石灰产业主要集中在杭州市、衢州市和湖州的长兴县,但低小散形式比较突出,产品的附加值较低。浙江省着力采取有效措施,大力淘汰小石灰、小水泥等落后产能,关停土窑等高耗能高污染企业,加快生产附加值较高石灰石产品,形成围绕石灰石资源龙头企业发展的产业集群。

浙江省磷肥品种单一,仅有低浓度磷肥过磷酸钙一个品种。目前有过磷酸钙生产企业 23 家,生产能力约 80 万吨,但 2012 年实际产量仅 30 万吨,其中产量超过 1 万吨的 11 家。浙江省过磷酸钙产量持续下降,总体上规模偏小,企业生产技术水平较低,企业设备陈旧。复合肥行业供大于求,各品种均呈现供大于求的局面。从农药市场需求看,省内农药施用量呈现逐年缓慢下降的趋势。浙江省是洗涤剂生产大省,磷酸盐产品主要以洗涤助剂三聚磷酸钠为主,2012 年全省折算消费大约 6300 吨磷资源。

从空间上看,浙江省硫酸生产主要集中于杭州、衢州、嘉兴、绍兴、宁波及温州,是浙江省硫资源消费量较大的地区。随着 2013 年浙江省新增硫酸产能的投产,浙江省硫酸总产能净增 74 万吨,达 264 万吨。其中硫磺制酸 180 万吨、硫铁矿制酸 48 万吨、冶炼硫酸 36 万吨。2012 年省外进入浙江省硫酸约 80—90 万吨,省外硫酸产能也在增长。

浙江省萤石粉精矿、块精矿市场流向主要集中于衢州、金华等地的氟化工、冶金企业,部分出口国外。省内氟化工大型企业有巨化集团、鲲鹏集团、鹰鹏化工有限公司等,其中巨化集团公司是中国氟化工先进制造业基地,已形成以氟化工为核心,氟碱化工和煤化工为基础的化工产业格局,是国内有影响力的氟化工龙头企业。氟化工行业低端产品将维持甚至缩减产能,以改变市场的供求平衡,高端产品将在企业发展和利润驱动下,提高产能或开发出高端产品。

三、木材、工业用粮产业

浙江是全国木材加工大省,是长三角木材加工集聚区的一大中心。全省木材加工经营企业已发展到 2 万多家,年创产值 1000 多亿元,规模和总量均位于全国前列,并形成了一批具有区域特色的产业集群。浙江省木材加工产业有三大特点:一是产品种类多,全省木材加工产品有人造板、木地板、家具、木线条、木制玩具、木制工艺品等 3000 多个品种;二是"两头在外"特征明显,浙江省林业资源缺乏,原材料多来自国外,在省内加工成胶合板、纤维板等半成品后,再出口至国外;三是加工企业多、产业规模大,并形成了一批具有区域特色的产业集群。

黄酒是浙江省的优势产业,2013 年全省的黄酒产量占全国总产量的 60% 左右,黄酒行业实现销售收入 55.89 亿元。浙江省的啤酒行业的产业集中度较高,全省的啤酒生产集中在 20 家左右的啤酒企业,生产量从 2010 年的 283.09 万千升上升到 2013 年的 286.25 万千升。浙江省调味品生产包括很多产品种类,生产量最大的有酱油、食醋、豆酱、腐乳等,从行业集中度来看,浙江省调味品行业呈现小集中大分散的局面。浙江省的酒精生产规模有限,其利用的粮食到 2013 年才达到 1.7 万吨。

四、能源产业

浙江省是我国石油化工大省,省内有中石化镇海炼化、台塑集团、巨化集团、浙江恒逸集团、杭州中策橡胶、浙江新安化工、浙江龙盛集团等行业龙头企业。2012 年浙江省原油加工量达到 2732.6 万吨,占全国总量的 5.73%。截至 2012 年年底,浙江省共有规模以上石化企业 412 家,占全国总量的 7.41%;累计实现销售收入 4407.27 亿元,占全国总额的 8.55%;行业实现利润总额 240.97 亿元,占全国全行业比重为 24.15%。浙江省已经成为国内重要的合成树脂、合成纤维、合成橡胶、农药、涂料和染料生产基地。

浙江省煤炭、天然气基本全部依赖进口和外省调入,两种资源的自给率几乎为零,目前煤炭主要用于燃煤发电和工业锅(窑)炉燃料,两者用煤占省内总耗煤量的 95%,其余少部分用于工业原料和生活消费,由于不具备原料产地优势,也因为煤炭是污染较大的一种不可再生能源,未来浙江省不会加大力度发展煤炭为原料的产业,煤炭在很长一段时间内仍将以燃煤发电和锅炉燃料为主。而天然气作为一种清洁能源,长期处于供求不平衡状态,供给量有限,预计在未来一段时间,也将保持以电厂、终端工业消费和生活消费供应为主。

五、循环经济产业

从资源小省和经济大省的省情实际出发,浙江省大力发展循环经济,走出了一条缓解资源环境约束的有效路径,循环经济发展水平一直居全国前列,2013 年单位生产总值能耗下降 3.7%,化学需氧量、二氧化硫、氨氮和氮氧化物减排完成年度目标;全省水资源、土地资源产出率比 2005 年增加超过一倍,能源产出率增加超过 1/3。同时充分利用和发挥块状经济特色优势,在推动块状经济向现代产业集群转型升级中促进了循环经济规模化产业化发展,大大提高了资源产出率、能源产出率、土地产出率等,为经济发展提供了要素资源保障。

从循环经济产业的规模化发展角度看,2012 年全省资源回收利用企业约5500 家,就业人数超过 100 万人,资源综合利用年产值过 1500 亿元,全省16%的钢、45%的铜和 35%的铝均来自废旧金属再生利用,水泥原料中废物如粉煤灰、石膏等的资源综合利用比例达到 27%,废旧木材回收利用率达到60%,纸张循环利用率达 80%,海水淡化产能占全国的 1/6。大力发展循环经济,提高金属资源、石灰、木材等综合利用水平,为制造大省提供了资源保障,大大缓解了全省经济发展和资源环境约束的矛盾。为实现"四翻番"的目标,需进一步扩大循环经济产业发展规模,实现资源集约节约化利用。

从循环经济产业的集聚化发展角度看,全省 1/3 以上市县块状经济产值占工业总产值比重超过 50%,金属加工及装备制造业、石油化工、木材加工等块状经济形成了生产专业化和规模经济效应,有利于循环经济产业链的构建和园区循环化改造。2011 年以来,以 25 个循环经济试点基地和 14 个产业集聚区为平台,推动了块状经济向现代产业集群转型升级,促进了循环经济规模化发展。循环经济产业的规模化发展,不仅为企业降低了生产成本,提升了竞争力,而且夯实了全省循环经济进一步发展的基础,带动了全省经济的转型升级。

第三节　浙江省资源环境问题

浙江省是一个典型的地少人多、城镇密集、经济总量大的省份,客观上决定了资源环境承载能力十分有限。从近几年的发展趋势看,一些方面的环境负荷已超出容量,某些方面的环境承载能力已近饱和,资源环境约束日益趋紧。资源环境的约束和保持经济持续较快增长的矛盾将长期存在。控制战略性资源消耗,降低主要污染物排放,实现经济增长和生态环境的和谐,坚持既要金山银山,又要绿水青山,不断满足人民群众对高质量生态环境的需求,已经成为当前和今后相当长一段时期内,浙江省亟待解决的难题。

一、环境负荷较大

浙江陆域面积 10.18 万平方公里,仅为全国的 1% 多一点,是全国面积最小的省份之一。虽然陆域面积狭小,但是人口规模较大,截至 2013 年末,浙江省常住人口 5498 万人,占全国人口总数的 4.06%,是全国人口密度最大的省份之一。浙江山地和丘陵占 74.63%,平坦地占 20.32%,河流和湖泊占 5.05%,耕地面积仅 207.32 万公顷,"七山一水二分田"的地理条件,使得全省 70% 的人口和 GDP 集中在 30% 的土地和水域面积以内,导致这些地区的单位开发强度特别大。随着工业化、城市化进程的加快,人口数量在今后较长时间内仍将保持总体增长态势,加上大量的外来人口,生产生活污染对环境带来的影响也将面临很大压力。随着重大项目的持续推进,土地资源、水资源、矿产资源、能源资源的开发强度和需求也将随之加大,资源环境承载能力不足的问题会越来越突出。加之浙江水环境系统相对比较独立和封闭,主要的八大水系也大多来源于本省境内。由此造成了污染物排放的相对集中,单位面积所承载的污染负荷特别严重,居全国前列,环境容量十分有限,环境瓶颈制约特别突出,有些地区甚至已经超过了环境承载能力。

尽管浙江打出了经济增长和环境整治的组合拳,但由于粗放型增长方式很难在短期内有根本性的扭转,所以对资源环境承载力所形成的压力还在不断增加。浙江作为东部沿海发达地区,经济已连续多年保持较快增长,GDP 产出占全国的比重也较大,2013 年全省 GDP 已达到 37568 亿元,占全国总量的 6.6%,比上年增长 8.2%,而且经济总量还在不断增大。浙江省产业纺织印染、化工等传统产业所占比重较大,污染物排放总量大,产业结构调整和发展方式转变尚需时间,浙江经济在相当长的一个时期内,传统的劳动密集、技术水平相对较低的中小企业仍占较大比重,消耗少、污染低的第三产业、高新技术产业比重提升和产业结构优化升级还需要一个较长的过程。在新一轮经济发展中将会带来新的能源消耗和污染排放增量,使污染减排面临更为严峻的考验。所有这些都对浙江的环境容量提出了严峻的挑战,对资源环境承载能力带来了巨大压力。

二、环境污染控制压力增大

随着经济社会的不断发展,污染物产生总量在持续增加,化学需氧量、氨氮、氮氧化物、二氧化硫、挥发性有机化合物等主要污染物排放过量、污染加重的趋势还没有得到根本扭转。部分地区生态环境质量不容乐观,污染依然严重,V类和劣V类水断面、雾霾天数、PM2.5浓度、酸雨率仍占有一定比例。2010—2013年生态环境质量公众满意度仍在70%以下。一些长期积累的环境污染问题尚未从根本上肃清,各类新污染问题又接踵而至、层出不穷,并且涉及面很广,新老污染、点源面源污染呈现交织、叠加的复杂态势。无论是污染防治能力、环境监管水平还是环境质量,都需要进一步的提高和改善。

根据2013年浙江省环境状况公报,平原河网污染和农业面源污染比较严重,全省流域性水环境问题仍然突出,2013年V类和劣V类水仍占20.8%。近岸海域和部分港湾海水污染加大,有些海域已成为赤潮多发区。不仅如此,区域性复合大气污染、土壤等污染情况也比较突出,城市PM2.5浓度较高,二次污染明显,光化学烟雾、灰霾天气频发;土壤也存在一定程度的污染。全省酸雨污染仍较严重,降水pH年均值为4.66,平均酸雨率为79.4%。长期积累的各种污染、污染物的不断增加对环境造成的损害,很有可能在以后的某个时期突然爆发出来,潜在的影响健康和社会稳定的风险很大。

由于工业"低、小、散"布局特征仍然存在,区域性、结构性污染和无组织排放现象仍然比较严重。浙江省持续深化"蓝天、碧水、净土"等环境污染攻坚行动,取得了较好的成效。但前期粗放式地关停低小散、转变能源利用方式,腾退出了部分的环境空间,接下来节能减排的领域将会越来越窄,可挖的潜力也将越来越小,后续环境容量对经济发展的约束将会越来越大。随着全社会生活水平的提高,人民群众对生态环境质量的要求也越来越高,要求解决环境问题的呼声此起彼伏,环境投诉事件也在不断增加。现在,环境问题是媒体和"两会"议论最多的话题之一。人民群众日益增长的对美好生活的需求与经济发展需要环境容量存在的尖锐矛盾仍将长期存在,环境污染控制的压力也将日益增大。

三、资源约束日益凸显

浙江省经过多年的高速发展,先发优势弱化,资源约束加剧,陆域小省的发展局限开始凸显。浙江人口密度是全国的 3.35 倍,人均土地和耕地面积均不及全国的一半,且后备资源有限,土地供需矛盾突出。浙江省多年平均水资源量 955 亿立方米,2013 年人均水资源拥有量为 1693 立方米,低于全国平均水平,仅为世界人均水平的四分之一。水资源地区分布不均和由于经济社会快速发展导致的水污染的加剧,资源性、水质性和工程性缺水均不同程度存在,水资源供需矛盾日益突出。作为一个陆域自然资源小省,浙江在能源、矿产等基础资源方面相对比较匮乏,一次性能源 95% 以上要靠从省外调入维持,能源消费增长也较快,供需矛盾缺口将长期存在。尽管受到技术进步和产业升级的影响,浙江经济能耗强度出现了一定的下降,但由于经济总量还在不断扩大,因此,全省能源消费总量还在继续扩大,能源供应及相关保障体系面临严峻的压力;传统工业化导致的经济结构不合理状况突出,并且经济增长主要是量的扩张,与生态环境资源保障之间的矛盾普遍存在。此外,随着工业化、城镇化的继续推进,资源需求将持续保持刚性增长,供需矛盾也会更加突出。

第二章　资源产出率测算方法

从目前资源产出率研究方法的进展来看,国家层面有相对较为成熟的物质流 EW-MFA 方法,核算的资源产出率主要是直接流指标。但在区域的应用方面存在一定的局限:一是从 EW-MFA 核算的指标来看,关注直接流指标的研究,对包含间接流或隐藏流的综合指标的核算研究相对不足,难以系统衡量经济系统物质代谢的生命周期过程的资源利用量与环境压力;二是从研究的视角来看,当前 EW-MFA 重点关注系统边界上的输入和输出物质,将社会经济系统视为黑箱,而较少关注经济系统内部物质流动的路径、结构和规模。

本课题以国家发展改革委的导则为主要框架,重点采用物质流分析方法研究省域层面资源产出率,同时以投入产出法和大数据研究方法为补充。本书基于 EW-MFA 的基本框架,系统测算浙江省各类物质流指标,从省域案例应用的角度扩展了 EW-MFA 的应用范围。同时,本书对各类资源分别开展 SFA 分析,打开了经济系统的黑箱,定量分析物质在经济系统的边界和内部的代谢过程,一方面扩展了 SFA 在区域层面的应用范围,另一方面也弥补了当前 EW-MFA 缺乏对经济系统内部物质流动的研究不足。此外,本书以投入产出法和大数据研究方法为补充,充分发挥投入产出模型中的行业与行业间的关系和省域进出的数据基础,以及大数据分析方法的数据挖掘并校验传统渠道获取数据等方法优势,重点用来解决国内省际物质资源调入调出的难点。

因此,本书利用三种方法对浙江省物质资源产出率进行测算,并且对比分析"一主两辅"三种方法所测算的资源产出率及省域调入调出数据的差异,验证"一主两辅"方法的有效性。研究注重"算统结合、测验结合",采用三组数据相互校验:一是结合部门、协会、企业统计与测算方法,用产品推算资源;二是结合投入产出统计和经济普查数据,用价值推算资源;三是结合微观企业的税务数据推算资源,并采用大数据的手段进行校验。现对"一主两辅"三种方法的基本理论进行阐述。

第一节　资源产出率的测算方法

资源产出率(RP)为地区生产总值(GDP)与主要物质资源的利用量(RU)的比值,其计算公式如下:

$$RP = \frac{GDP}{RU}$$

根据 EW-MFA 的基本理论,RU 有多种表征指标,本研究主要考虑政策关注的三种常用指标,包括直接物质投入(DMI)、区域内物质消费(DMC)和原始资源消费当量(RMC)。三者的计算公式分别如下:

$$DMI = DEU + IM$$

$$DMC = DEU + IM - EX$$

$$RMC = DEU + RME_{IM} - RME_{EX}$$

式中,DEU 为区域内原始资源的开采量,IM 和 EX 分别是进口和出口的资源量(包括原始资源、半成品、成品等),RME_{IM} 和 RME_{EX} 分别为区域内流入和流出的资源按照一定的系数所折合的原始资源当量。

在国家尺度上,流入(流出)数据通过海关获取,该方法可以直接应用。而在国家以下的区域尺度上(如省级尺度),流入(流出)同时包括国外进口(出口)和外省调入(调出),由于调入(调出)的资源数据获取难度大,该方法很难直接应用。

为了解决这一数据获取的难题,本书采用"一主两辅"共三种方法来获取调入调出的资源数据。其中:"一主"是指基于 SFA 的物质分析法,主要是通过各类资源分别开展 SFA 研究,打开经济系统的黑箱,对资源代谢的各个节点进行核算,结合质量守恒和专家推算等方法获取完整的调入调出数据;"两辅"包括投入产出法和大数据法,前者是指基于投入产出表的区域间分行业的价值流数据测算资源出的调入调出数据,后者是指采用大数据的方法对微观企业税务开票数据的价值流背后对应的物质流进行测算,从而得到调入调出的物质资源数据。

一、基于元素流分析的测算方法

根据 SFA 的一般框架,针对各类资源的物质代谢过程,将其分为资源的开采、加工利用、废弃物利用等阶段,分别对应物质的一次资源、二次资源、下游产品、废旧产品/再生资源等处于产业链不同位置的存在形态,见图 2-1。

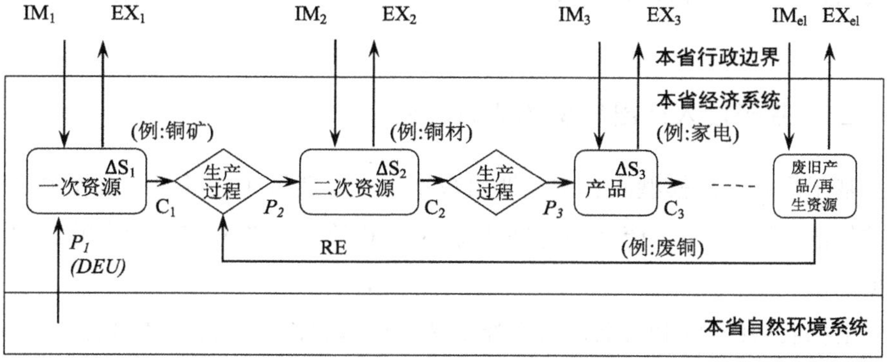

图 2-1　物质流 SFA 测算框架

在此框架下,通过各种途径获取一次资源、二次资源、产品、废旧产品/再生资源的生产量、进口量、出口量、省外调入量、省内调出量,以及一次资源与各种二次资源之间的流量、二次资源与产品之间的流量等相关数据。从而构建完整的 SFA 结构图和流量图,开展相关分析。

为便于物质对象流量的比较分析,一般需要以产品中的纯物质为对象进行分析。对每一种特定的资源的某种纯物质(如铁元素)都满足如下质量平衡关系:

$$C_i = P_i + IM_i - EX_i + \Delta S_i$$

式中, C_i 、 P_i 、 IM_i 、 EX_i 和 ΔS_i 分别为区域内某种资源在第 i 个节点的消费量、生产量、进口量、出口量和库存变化。上下游节点的资源之间还满足如下关系:

$$P_{i+1} = (C_i + RE_i) \times \delta_i$$

式中，P_{i+1} 为下游节点产品的产量；C_i 和 RE_i 分别为上游投入到下游节点的常规原料和再生原料的量；δ_i 为转化效率系数，又称为过程间折算系数。一般而言，在工艺水平、产品种类、产品质量一定的条件下，原料与产品存在较为稳定的数量关系，δ_i 的值也就相对稳定。利用这种数量关系，可以利用原料流量推算产品流量，也可以利用产品流量推算原料流量，还可以利用这样的推算校验原料和产品的流量数据。

科学合理的过程间折算系数是折算准确性的保证。视情况不同，可以采用文献查阅、专家咨询、企业典型调查、企业抽样调查等方法获得过程间折算系数。

二、基于投入产出模型的测算方法

基于投入产出模型测算调入调出数据主要原理是通过投入产出表中分行业的价值流数据，结合产品的价格信息，从而推算出资源的调入调出的实物量数据。

根据我国统计制度，浙江省在逢 2、7 年份编制价值型投入产出表，其基本形式见表 2-1。在资源产出率核算研究中，需要对分品种资源的一次资源和二次资源的实物量调入调出数据进行测算，工作主要分为两个方面。

一是以 2007 年浙江省投入产出表数据为基础，基于 RAS 方法进行更新，得到 2010—2013 年历年的价值型投入产出表数据。RAS 法又名双比例尺度法（Biproportional Scaling Method）或双比例平衡法，其特点是从行和列两个角度来更新、平衡矩阵。简单说，RAS 法是一种用目标年中间需求合计作为行向控制量，目标年中间投入合计作为列向控制量，对基年中间投入结构进行修正，从而得到目标年份投入产出表中间流量或接消耗系数矩阵的算法。

二是基于浙江省价值型投入产出表数据，构建资源产出率核算所涉及的资源品种与价值型投入产出表的行业对应关系，并产品平均价格与产品调入调出的价值流数据来推算资源的调入调出实物量数据。由于涉及资源品种较多，并且每种资源品种又分一次资源和二次资源，这种资源品种与行业的对应关系的构建过程较为关键。表 2-2 为以铁资源为例进行对应关系结果展示。

表2-1　投入产出表一般模式

产出→（使用价值的分配）\投入↓（价值的形成）C+V+M		中间使用				最终使用					进口	省外调入	总产出
		产业1	……	产业n	中间使用合计	最终消费	资本形成总额	出口	省外调出	最终使用合计			
中间投入	产业1	x_{11}	…	x_{1n}	$\sum x_{1j}$								q_1
	…	…	…	…	…								
	产业n	x_{n1}	…	x_{nn}	$\sum x_{nj}$								q_n
	中间投入合计	$\sum x_{i1}$	…	$\sum x_{in}$	$\sum\sum x_{ij}$								$\sum q_i$
增加值	固定资产折旧												
	劳动者报酬												
	生产税净额												
	营业盈余												
	增加值合计	y_1	…	y_n	$\sum y_j$								
	总投入	q_1	…	q_n	$\sum q_j$								

表2-2　铁资源品种与行业

资源分类	行业小类	行业中类
铁矿石原矿	铁矿采选	黑色金属矿采选业
铁	炼铁	炼铁业
粗钢	炼钢	炼钢业
钢材	钢压延加工	钢压延加工业

三、基于大数据的测算方法

基于大数据的测算方法的基本思路是采用大数据的方法对微观企业税务开票数据的价值流背后对应的物质流进行测算,从而得到调入调出的物质资源数据。

　　通过与浙江省税务局的衔接,目前可以采集到 1096 个行业的如表 2-3 所示指标,包括:省外购进金额、省外销售额、销售额、营业成本、实际应纳所得税额、利润总额、应纳税额、销项税额、进项税额。由于浙江省税务局的行业分类和研究的资源分类口径不一致,本研究首先要构建资源与税务系统中行业的对应关系。资源产出率测算所涉及到的代表性的五大资源与行业的对应关系见表 2-3。

表 2-3　五大资源提取的行业类别数据

木材资源	钢铁资源	铜资源	铝资源	石灰石资源
木材采运	铁矿采选	铜矿采选	铝矿采选	石灰石、石膏开采
木竹材林产品采集	金属家具制造	铜冶炼	铝冶炼	水泥制造
锯材加工	炼铁	铜压延加工	铝压延加工	石灰和石膏制造
木片加工	炼钢			水泥制品制造
单板加工	黑色金属铸造			砼结构构件制造
其他木材加工	钢压延加工			石棉水泥制品制造
胶合板制造	铁合金冶炼			轻质建筑材料制造
纤维板制造	金属制品业			其他水泥类似制品制造
刨花板制造	通用设备制造业			
其他人造板制造	金属废料和碎屑加工处理			
建筑用木料及木材组件加工	五金产品批发			
木制容器制造	金属及金属矿批发			
软木制品及其他木制品制造				
木质家具制造				
木门窗、楼梯制造				
地板制造				
非金属废料和碎屑加工处理				

2014 年 12 月 8 日—12 日,在浙江省国税局 2013 年单年上亿数据量级的发票数据库中运行"SQL 过滤和归集模型",进行数据提取。在此基础上,对 2010—2013 年的营业成本和销售额以及省外购进销售金额进行建模,通过自变量的筛选,得到拟合度高的、自变量系数显著的、合适的模型形式。以木材资源为例,省外购进原木、省外购进单板、省外购进锯材、省外销售刨花板、省外销售纤维板、省外销售胶合板的模型为:

$$
\begin{bmatrix} x_{11} \\ x_{12} \\ x_{13} \\ x_{21} \\ x_{22} \\ x_{23} \end{bmatrix} = \begin{bmatrix} \alpha_1 & \alpha_2 & \alpha_{12} & \cdots & \alpha_{1n} & \alpha_{21} & \alpha_{22} & \cdots & \alpha_{2m} \\ \beta_1 & \beta_2 & \beta_{12} & \cdots & \beta_{1n} & \beta_{21} & \beta_{22} & \cdots & \beta_{2m} \\ \gamma_1 & \gamma_2 & \gamma_{12} & \cdots & \gamma_{1n} & \gamma_{21} & \gamma_{22} & \cdots & \gamma_{2m} \\ \lambda_1 & \lambda_2 & \lambda_{12} & \cdots & \lambda_{1n} & \lambda_{22} & \lambda_{23} & \cdots & \lambda_{2m} \\ \eta_1 & \eta_2 & \eta_{12} & \cdots & \eta_{1n} & \eta_{21} & \eta_{22} & \cdots & \eta_{2m} \\ \xi_1 & \xi_2 & \xi_{12} & \cdots & \xi_{1n} & \xi_{21} & \xi_{21} & \cdots & \xi_{2m} \end{bmatrix} \times \begin{bmatrix} y_1 & y_1 & y_1 & y_1 & y_1 & y_1 \\ y_2 & y_2 & y_2 & y_2 & y_2 & y_2 \\ x_{11} & x_{11} & x_{11} & x_{11} & x_{11} & x_{11} \\ \cdot & \cdot & \cdot & \cdot & \cdot & \\ \cdot & & & & & \\ \cdot & \cdot & & & & \cdot \\ x_{1n} & x_{1n} & x_{1n} & x_{1n} & x_{1n} & x_{1n} \\ x_{21} & x_{21} & x_{21} & x_{22} & x_{21} & x_{21} \\ x_{22} & x_{22} & x_{22} & x_{23} & x_{23} & x_{22} \\ \cdot & & & & & \\ \cdot & & & & & \\ x_{2m} & x_{2m} & x_{2m} & x_{2m} & x_{2m} & x_{2m} \end{bmatrix}
$$

其中,y_1 为营业成本、y_2 为销售额、x_{11} 为省外购进原木、x_{12} 为省外购进单板、x_{13} 为省外购进锯材、x_{14} 为省外购进胶合板、x_{1n} 为省外购进第 n 项产品、x_{21} 为省外销售刨花板、x_{22} 为省外销售纤维板、x_{23} 为省外销售胶合板、x_{24} 为省外销售地板、x_{2m} 为省外销售第 m 项产品。

以该模型为基础,将计算年份的前一年税务数据代入其中,得到各行业产品调入调出金额,计算各产品调入调出金额比例,再将当年税务数据乘以相应的比例,得到当年各产品调入调出金额。在此基础上,采用资源调入调出金额除以资源均价再乘以密度来计算资源调入调出数量。

四、系统边界与核心分析指标

根据 EW-MFA 的基本理论,资源利用量的核算需将进入经济系统代谢的所有资源都纳入到核算范围。然而,在实际政策应用中,决策者往往会结合数据的可得性和政策的关注重点对资源种类进行取舍。例如德国的政策文件没有将可再生的生物质资源列入 EW-MFA 核算范围,日本的循环型社会政策文件中对砂石的核算在 EW-MFA 中进行了区分考虑。

鉴于此,本书一方面考虑数据的可得性,另一方面基于我国循环经济试点所关注的资源种类,对浙江省物质资源产出率的核算主要考虑 15 类主要资源,包括:3 种能源(煤炭、石油、天然气)、6 种金属(铁、铜、铝、铅、锌、镍)、4 种非金属[石灰石、磷、硫、氟(对应萤石矿)]、2 种生物质(木材、工业用粮)。根据吨理论的原则,以质量加总的方式对这些物质资源进行汇总得到综合的综合利用量。

除了这 15 种物质资源以外,本研究还考虑水和土地这两种资源。考虑到在经济活动中水资源使用量的数量级过大,如纳入测算,则会掩盖其他资源的利用特征。土地资源以面积单位计量,无法进行加总。所以在选择资源品种时,水资源和土地资源不纳入测算体系。另外,煤炭、石油、天然气除作能源提供燃料外,还考虑其作为产业链原材料的消费。

本书对浙江省 14 类资源核算的时间范围为 2010—2013 年,以浙江省经济系统为边界,不进入省内经济系统的资源和产品不计入系统。核算过程中二次资源消耗量和折算系数通过各类资源的物质流分析得到,所涉及的相关数据根据各种公开年鉴如《浙江省统计年鉴》等搜集获得。研究所涉及的各种折算系数及取值见附录。在资源产出率的计算中,为消除价格因素的影响,保持数据的可比性,GDP 数据采用 2010 年不变价的 GDP;同时,相关分析中所用到的人口数据采用常住人口数。

本书所分析的核心指标包括三方面:一是资源利用量指标(DMI、DMC 和 RMC);二是资源产出率指标(基于三种资源利用量的资源产出率、水资源产出率和土地资源产出率);三是物质循环率指标,包括各类资源的循环率两类和总体物质循环率。根据研究所确定的核算口径及数据的可得性,所研究的物质循环率包括铁、铜、铝、铅、锌、镍这 6 类金属资源,暂不包括粉煤灰、废塑料、废纸、废橡胶等非金属的物质。

对于各类资源的物质循环率而言,其计算公式为:金属循环率=废金属消耗量/二次资源生产量。其中,废金属消耗量和二次资源生产量均以纯金属含量计量。以钢铁为例,对子类金属资源的循环率进行说明:钢铁的循环率=废钢消费量/钢材和铸件的生产量。

对于总体物质循环率而言,仅考察浙江省金属资源的循环率,计算公式为:金属资源循环率=各类废金属的消费量之和/各类金属二次资源生产量之和。

第二节　资源产出率的测算

一、浙江省各类资源的物质流分析

根据物质流分析的基本原理,研究对浙江省 14 类(加萤石为 15 类)资源进行了物质流分析,以下选取石灰石资源和铜资源作为非金属资源和金属资源的典型代表,对浙江省各类资源 SFA 研究的具体操作进行举例说明。

石灰石资源和铜资源的 SFA 研究步骤基本一致(以下进行合并介绍),都包括如下四大步骤:

第一,根据石灰石资源(或铜资源)在经济系统中的加工、转化、利用过程,构建不含流量数据的石灰石资源(或铜资源)物质代谢图,即石灰石资源(或铜资源)SFA 结构图。石灰石资源(或铜资源)SFA 结构图包括三大要素:物质代谢的源,即石灰石(或铜矿石);物质代谢的中间产品,如生石灰、碳酸钙、水泥等(或铜精矿、粗铜、精炼铜等);物质代谢的汇,如建筑使用、钢铁等(或电力行业、家用电器行业、交通运输行业等)。

第二,为石灰石资源(或铜资源)SFA 结构图中各节点的物质设计数据表格,以规范化和可持续性的管理石灰石资源(或铜资源)SFA 结构图中的各流量数据。为计算石灰石资源(或铜资源)SFA 结构图中各节点物质的各种流量,首先,针对石灰石资源(或铜资源)物质代谢的源和中间产品设计表格获取其消费量、表观消费量、生产量、进口量、出口量、省内调入量、省外调出量等数据;其次,为具有下游产品或汇的中间产品(如生石灰、碳酸钙、水泥熟料、水泥、商品混凝土和水泥制品;铜及铜合金材等)设计表格,以测算各下游产品所消耗的中间产品量。

第三,通过各种渠道获取相关数据填充到石灰石资源(或铜资源)SFA 数据表中,通过 e-sankey 软件绘制含有流量数据的石灰石资源(或铜资源)SFA,即浙江省石灰石(或铜资源)SFA 图。主要数据来源和获取渠道如下:

1. 省内消费量数据:通过多种方法进行测算,典型的方法为通过下游产品的产量(或产值、能耗等),按一定的折算系数进行估算得到,而折算系数则根据原材料品位、产品质量、生产工艺及其比例等进行的初步推算折算系数的大致范围,进一步结合行业调研与咨询确定折算系数的具体数值。

2. 对于生产量数据,通过《浙江年鉴》、《浙江统计年鉴》等各类年鉴获取。

3. 对于进口和出口数据,根据《国际贸易标准分类》查询对应的海关编码,通过杭州和宁波海关进行咨询,得到各物质的进出口实物量。

4. 对于省外调入量和省内调出量数据,通过召开专门的行业座谈会,以专家咨询的方式估算,并将结果与同时操作的"大数据估算"和"投入产出表估算"进行适度的验证比较。

5. 对于省内表观消费量数据,通过以下公式进行计算:省内表观消费量=生产量+进口量−出口量+外省调入量−省内调出量。

第四,根据已绘制的石灰石资源(或铜资源)SFA 图,分析其物质代谢的各种产品的流量、物质加工利用过程的技术水平等,研究减少石灰石资源(或铜资源)消耗、提升石灰石资源(或铜资源)产业链价值的各种方法与可操作路径。

按照与石灰石资源(或铜资源)类似的方法,结合年鉴、行业调研、专家咨询等各种来源的数据,对浙江省纳入资源产出率核算的 15 种资源分别开展 SFA 研究。各类资源的 SFA 过程涉及各种不同类型的折算系数,具体见附录。

因 2010—2013 年各类资源的物质流流量和结构相对变化较小,研究仅展示 2012 年各类资源的物质流情况。以下将资源分为能源资源、金属资源、非金属资源、生物质资源四大类对相关结果进行简要介绍。

(一) 能源资源

对 2012 年浙江省煤炭、石油、天然气三种资源的物质流分析发现,能源资源的供应以进口和省外调入为主,对外依存度高达 99.9%。煤炭主要作为电力的主要燃料进行发电后供给终端使用,还有部分作为工业生产、生活的燃料,极小一部分作为工业生产的原料使用;石油大量被用于交通运输领域燃油及石油化工等基础材料的生产;天然气主要用于生产和生活的燃料,没有作为生产原材料进入工业的部分。三种资源的物质流如图 2-2 所示。

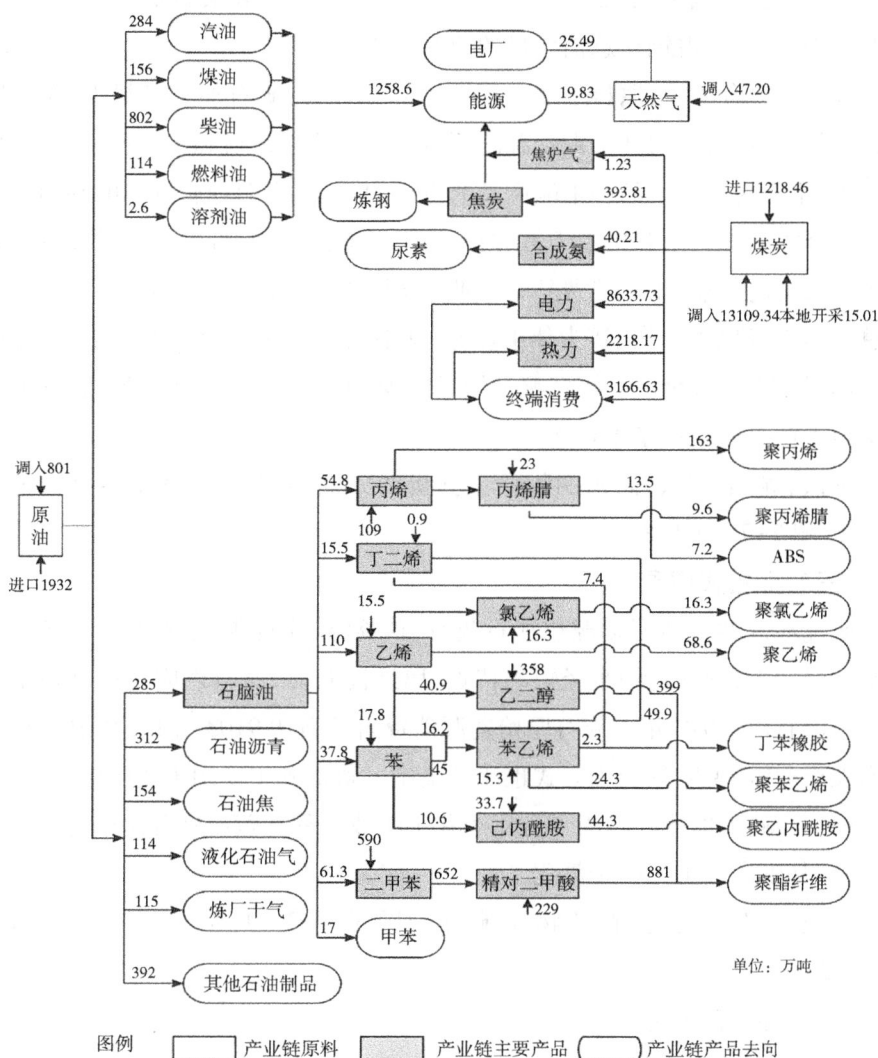

图 2-2 浙江省能源物质流分析图(2012)

（二）金属资源

研究涉及的金属资源包括黑色金属和有色金属,其中黑色金属主要为钢铁,有色金属包括铜、铝、铅、锌、镍五种主要有色金属。

黑色金属资源中,钢铁消费量大,铁矿石主要依赖进口,中间原料则以进口和外省调入为主,中间产品和末端产品的调入调出量均较大。钢材主要应用于建筑、机械、汽车、船舶、家电、油气石化、集装箱等几大行业,其中以建筑行业利用量最大,占钢材总消费量的 50% 以上。

有色金属资源中,原料主要来源于国外和外省,矿石加工量很少,对废旧资源的使用量较大。其中,铜资源的原材料主要依赖进口和省外调入,矿石加工较少,主要为中间产品和末端产品的生产加工,对废旧金属资源的利用量较大。铝资源的生产主要集中于氧化铝生产电解铝再加工成下游产品,主要应用于建筑交通运输、耐用消费品等行业,其中建筑业的利用量最大,占铝材利用总量的 50% 以上。铅、锌为伴生资源,其中铅主要用于铅蓄电池生产,锌则主要用于生产复合金属。镍资源利用量较少,主要作为不锈钢的原料,其消费结构与不锈钢的结构紧密相连。

钢铁、铜、铝、铅、锌、镍的物质流分析图分别见图 2-3、图 2-4、图 2-5、图 2-6、图 2-7、图 2-8。

（三）非金属资源

研究涉及的非金属资源包括石灰石、磷资源、硫资源、萤石等。石灰石资源消费量较大,存在运输半径短的特点,属地性明显,原料供应及产品输出主要集中于省内,2012 年石灰石原始资源消费当量高达 9103 万吨,其中 83% 进入水泥产业链,说明其利用方式也比较集中。磷资源主要用于化肥生产,硫资源主要用于硫酸的生产后大部分用于化工工业过程。萤石资源是氟化工的主要原料,其生产加工集中于氟化工。

石灰石、磷、硫、萤石的物质流分析图见图 2-9、图 2-10、图 2-11、图 2-12。

（四）生物质资源

研究涉及的生物质资源包括木材和工业用粮两种。其中,浙江省木材加工业发达,木材资源综合利用率高,产品生产过程中利用了大量的加工剩余

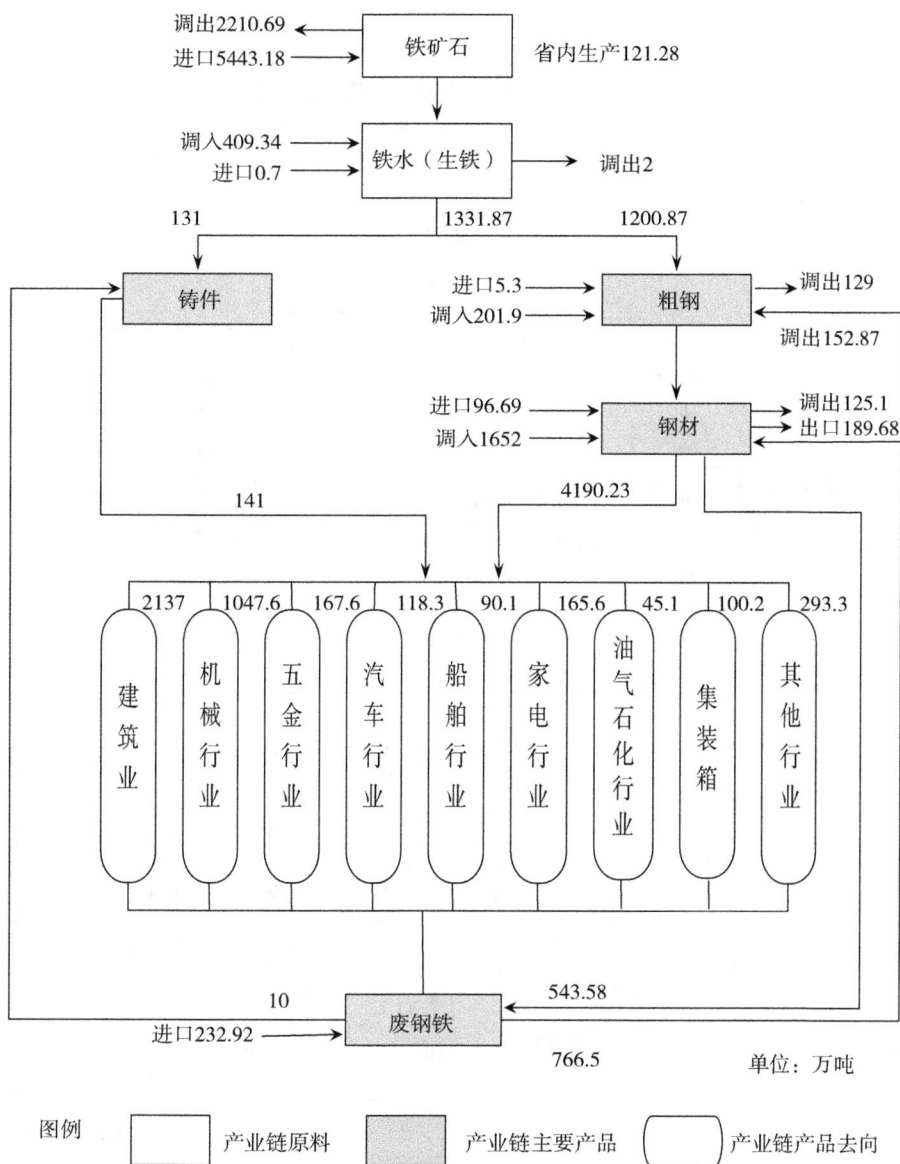

图例 □ 产业链原料 ▨ 产业链主要产品 ⬭ 产业链产品去向

图2-3 浙江省钢铁资源物质流分析图（2012）

39.5
铜原矿石
1.6
铜精矿 ← 进口16.3
        ← 调入19.6
9.8
粗铜
9.4
粗炼铜
进口46.9 → 精炼铜 ← 调入28.2
                   ← 20
101.5   104.4   2.9
进口9.21 → 铜及铜合金材 → 出口10.8
52.5   → 调出67.8
铜及铜合铸件

87.5
43.0   5.3   5.8   0.3   2.8   31.8

电力行业 家用电器行业 交通运输行业 电子通信行业 建筑行业 其他行业

进口120.6 → 旧废铜 ↓ 11.1
                  → 调出59.3
                    利用72.5

单位：万吨

图例 ☐ 产业链原料   ▨ 产业链主要产品   ⬭ 产业链产品去向

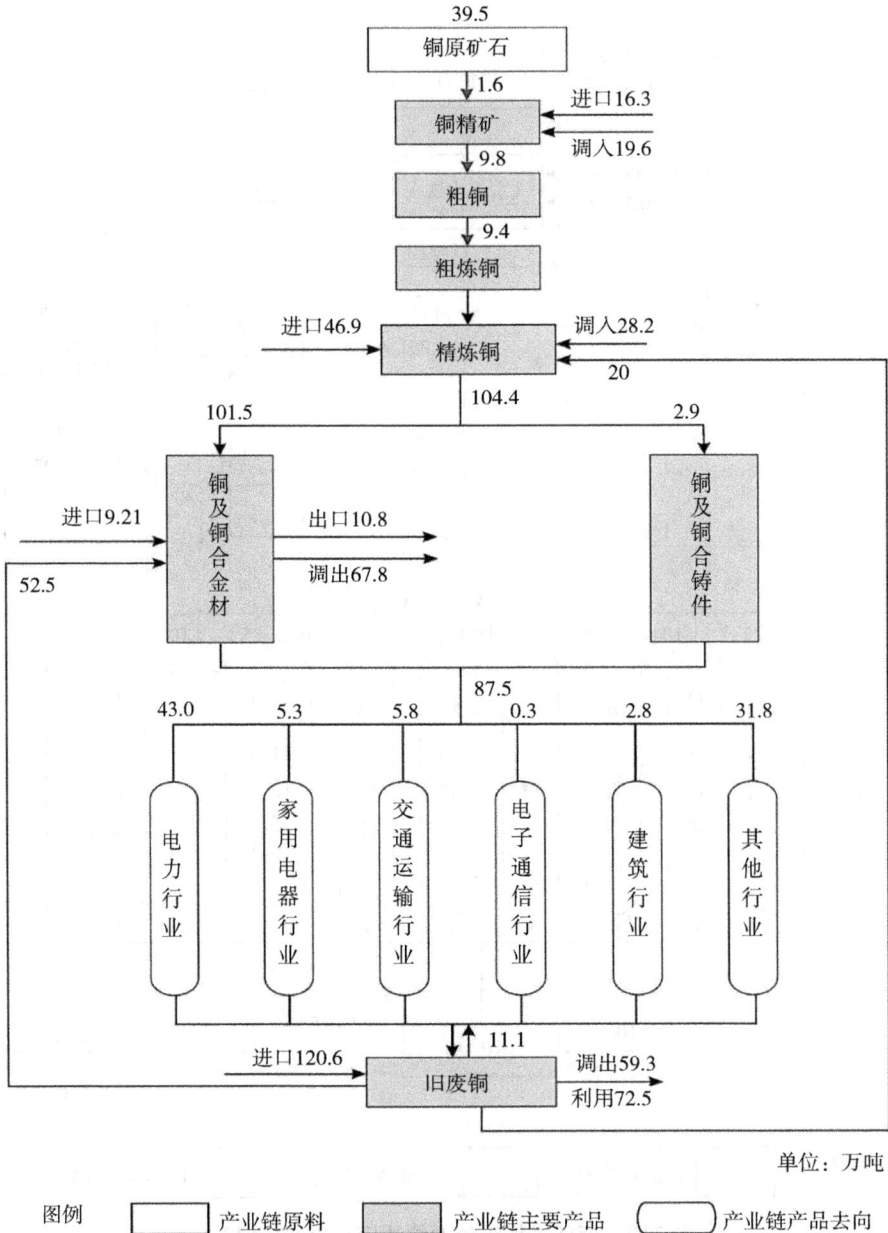

图 2-4　浙江省铜资源物质流分析图（2012）

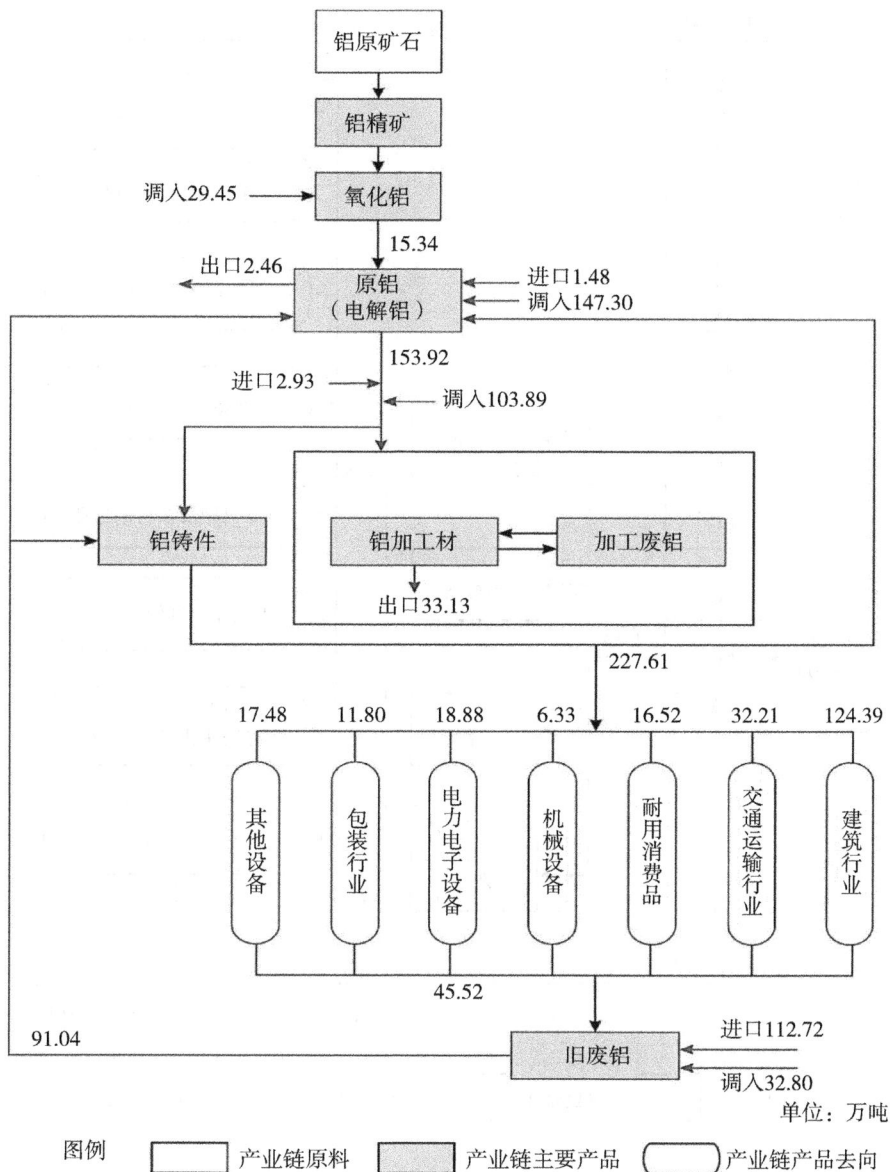

图例　□ 产业链原料　▨ 产业链主要产品　▭ 产业链产品去向

图 2-5　浙江省铝资源物质流分析图(2012)

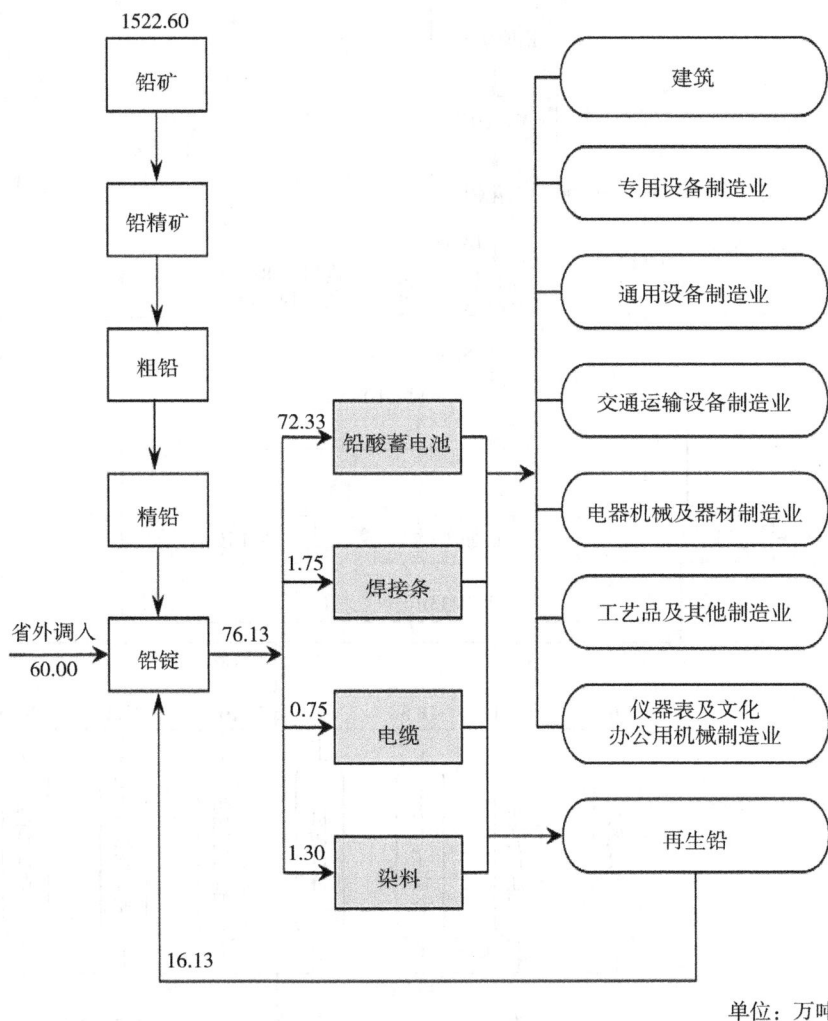

图 2-6　浙江省铅资源物质流分析图（2012）

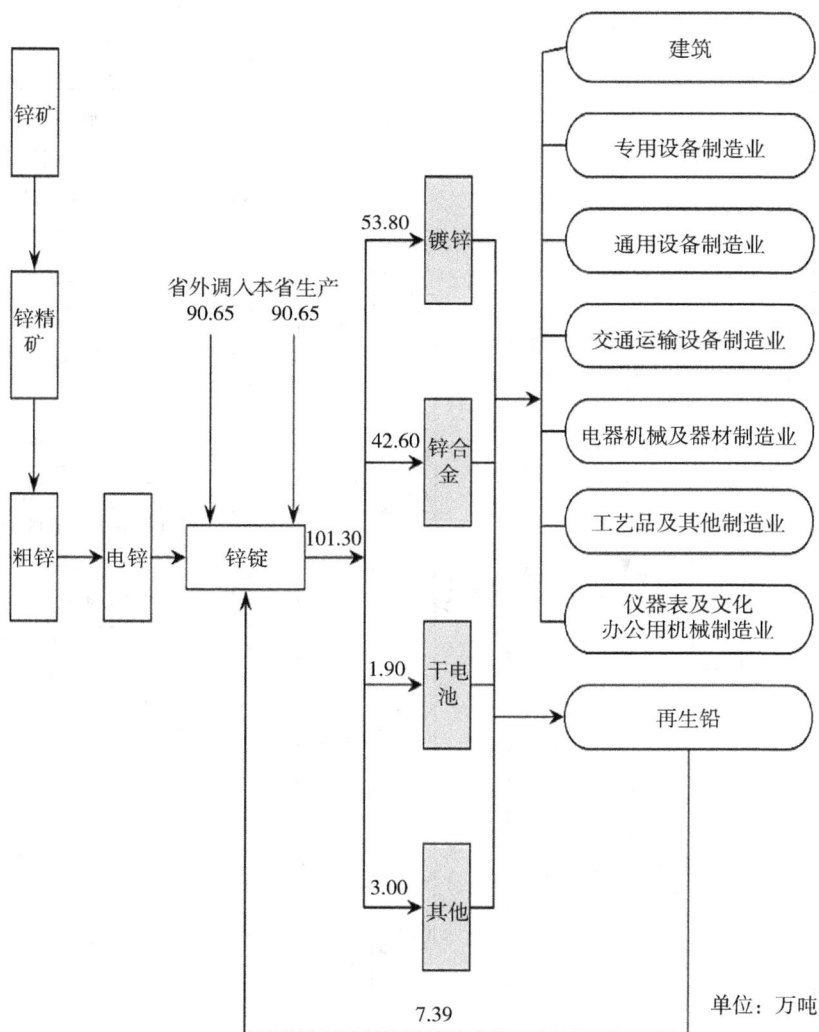

图 2-7 浙江省锌资源物质流分析图(2012)

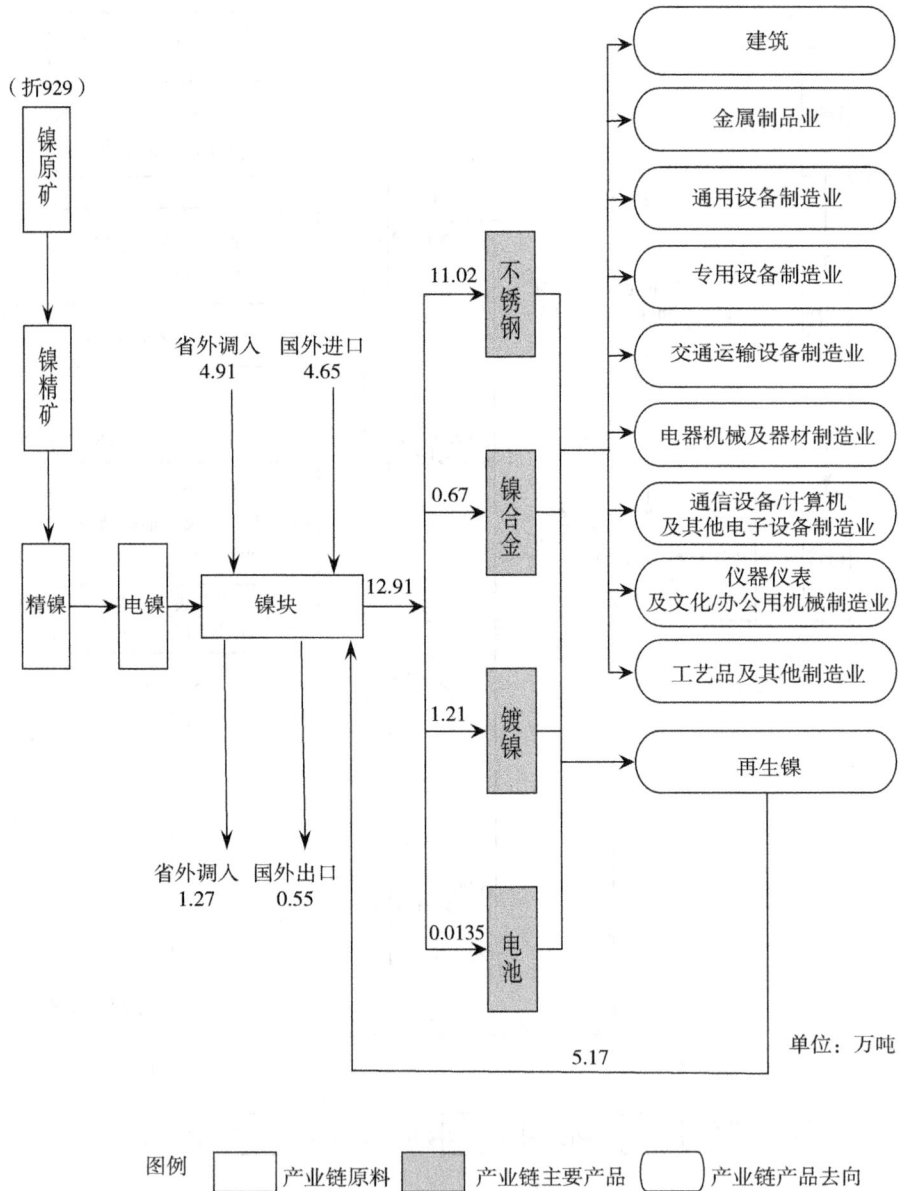

图 2-8 浙江省镍资源物质流分析图（2012）

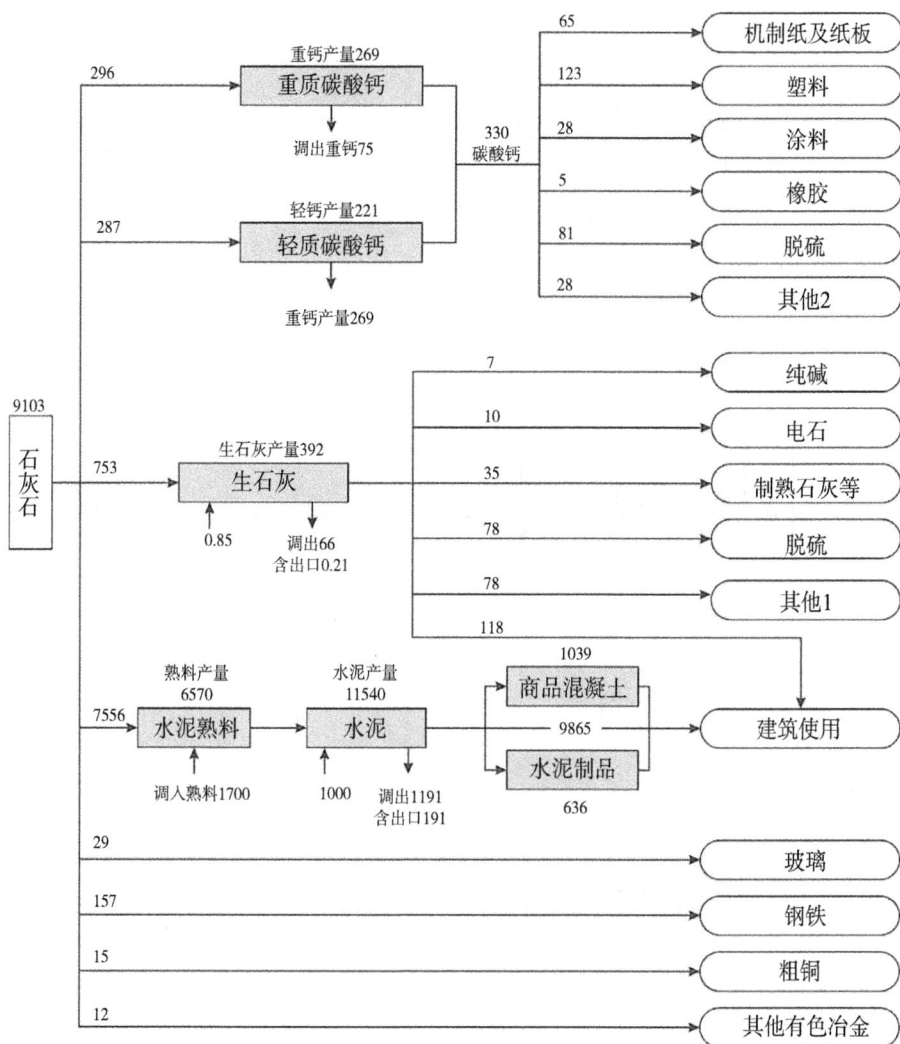

注：其他1：主要包括涂装材料、砖瓦粘合剂、硬水软化剂、干燥剂、消毒剂、农药等，约占生石灰消费总量的20%；
　　其他2：主要包括电线电缆、油漆、油墨、陶瓷、饲料等，约占碳酸钙消费总量的20%。

单位：万吨

图例　□ 产业链原料　▨ 产业链主要产品　◯ 产业链产品去向

图 2-9　浙江省石灰石物质流分析图（2012）

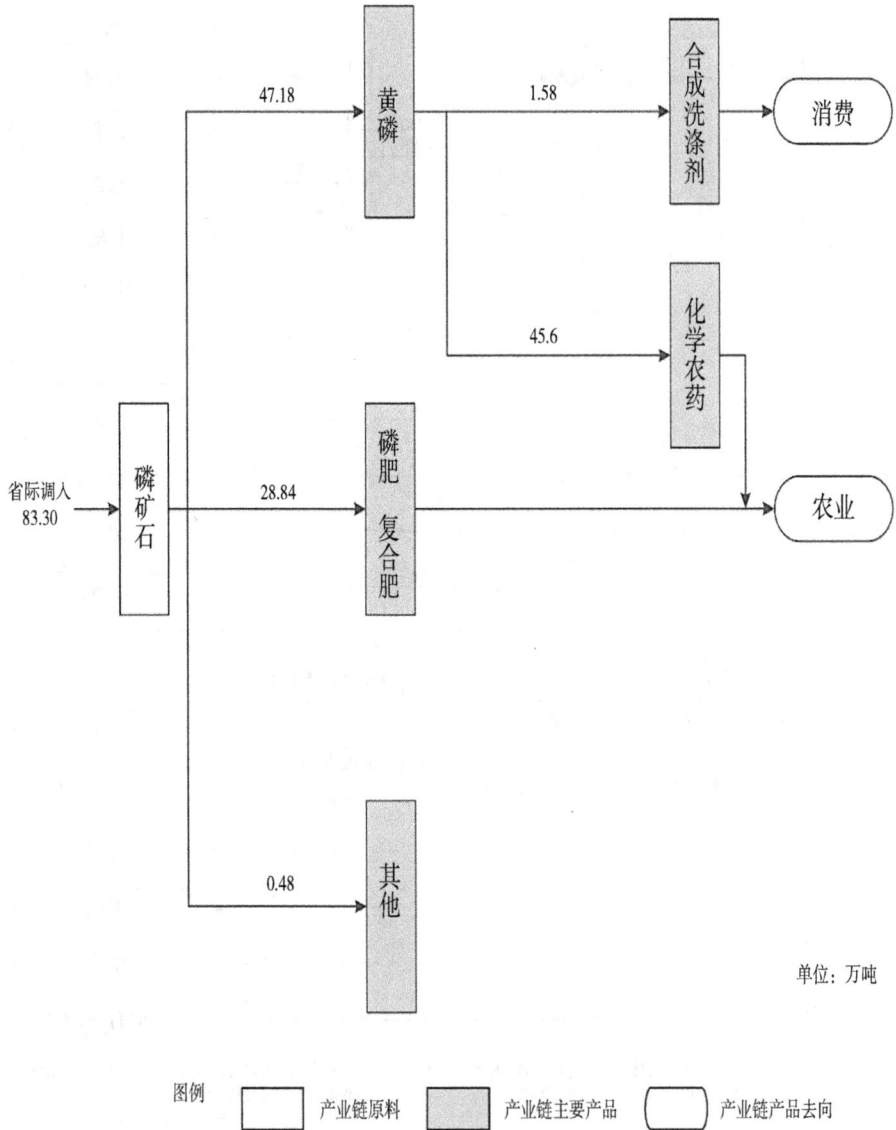

图 2-10　浙江省磷资源物质流分析图（2012）

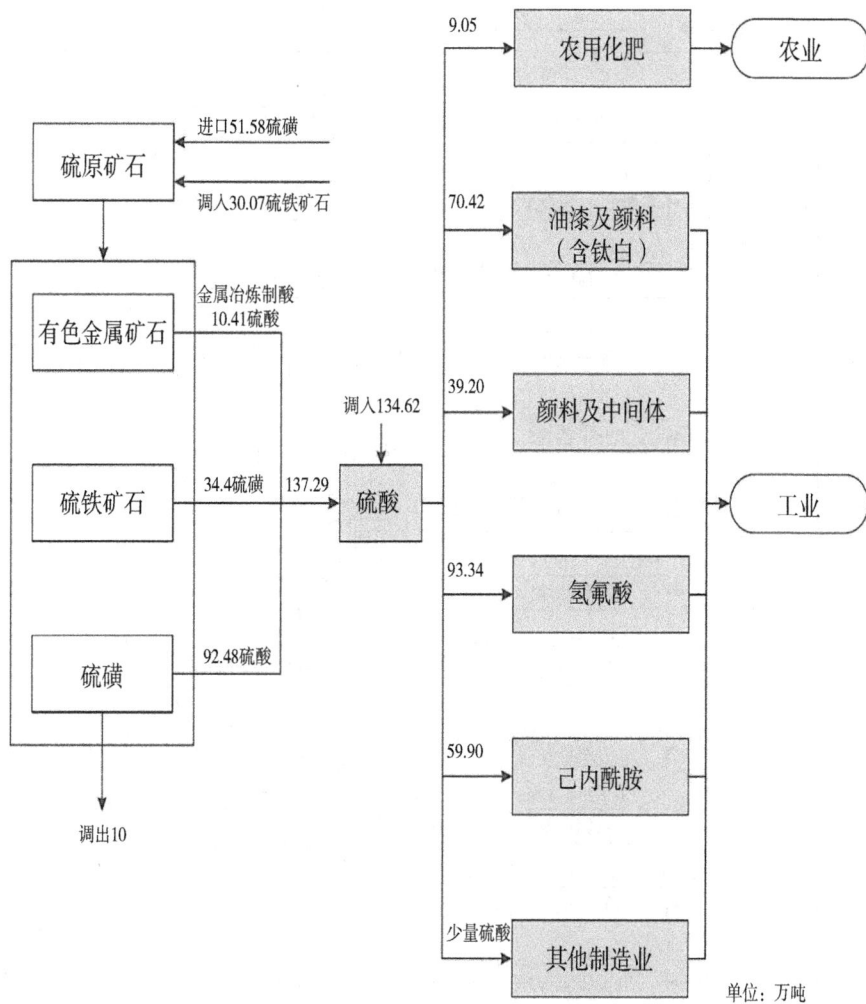

图 2-11　浙江省硫资源物质流分析图（2012）

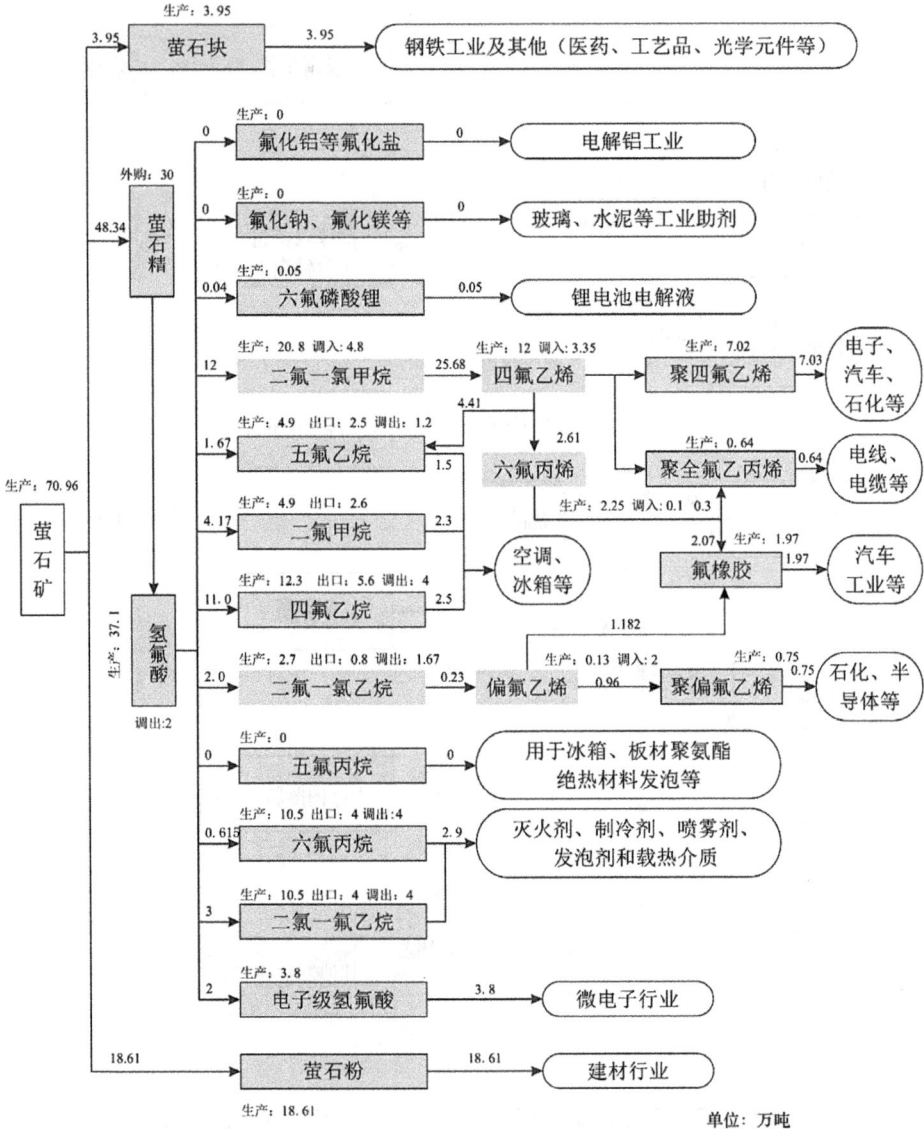

图 2-12 浙江省萤石资源物质流分析图(2012)

物,木材主要用于生产木制家具、地板等。工业用粮原材料基本全部依赖省外调入和国外进口,同时没有向省外调出或向国外出口的工业用粮,工业用粮大部分用于酒类生产,占消费总量的 80% 以上,其次为调味品,占消费总量的近 10%。

木材和工业用粮的物质流分析见图 2-13、图 2-14。

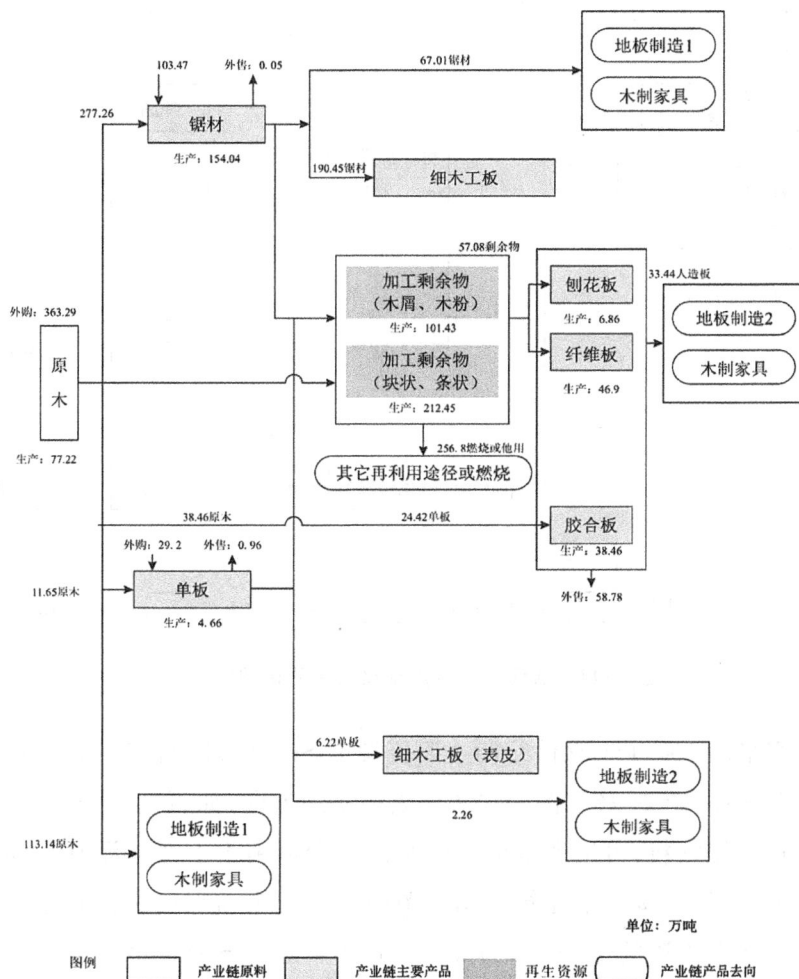

图 2-13　浙江省木材资源物质流分析图(2012)

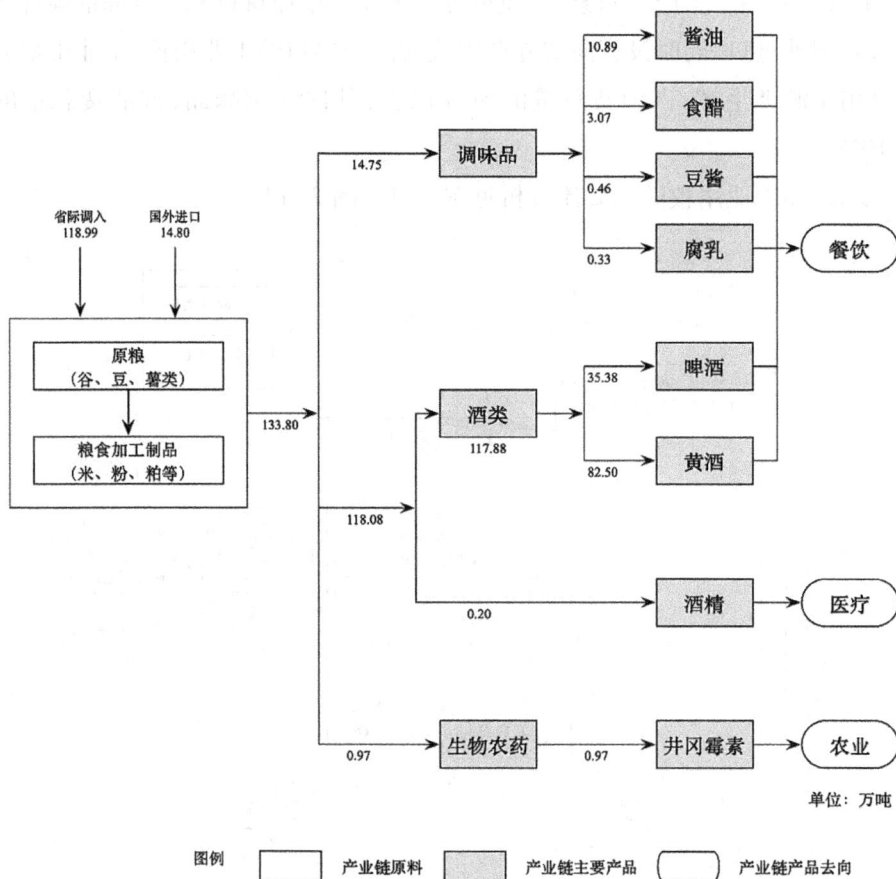

单位：万吨

图例 ▭ 产业链原料　▭ 产业链主要产品　⬭ 产业链产品去向

图 2-14　浙江省工业用粮物质流分析图（2012）

研究采用 e-sankey 软件绘制主要资源的 SFA 图,以石灰石和铜资源为例,见图 2-15、图 2-16。图中线条代表物质的流向,如石灰石开采后,主要用于生产水泥熟料,再生产水泥。而水泥除少量用于生产水泥制品和商品混凝土外,大量直接用于建筑使用。图中线条的粗细则代表物质流量的大小。从石灰石资源的生产消费来看,水泥产业链是石灰石最主要的资源消费去向。

综合以上各类资源的 SFA 可知:就各类资源的产业链主要环节而言:在原料端,浙江省能源、铝、镍、磷等资源的对外依存度近 100%,铅、锌、工业用

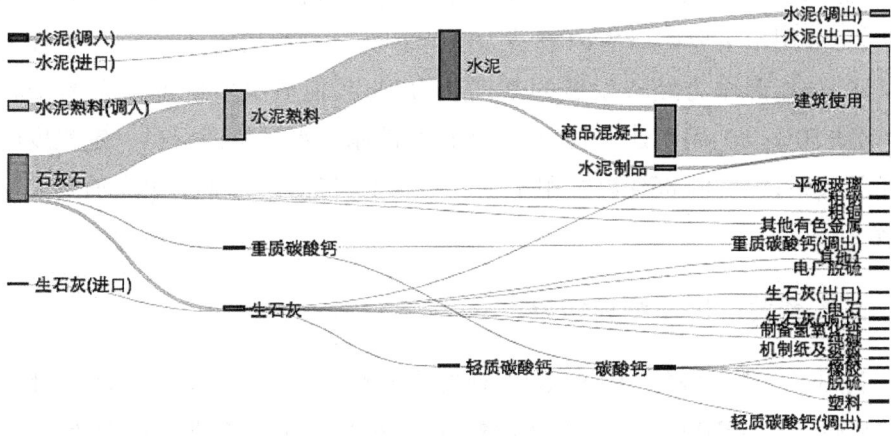

图 2-15　浙江省石灰石资源 e-sankey 图（2012）

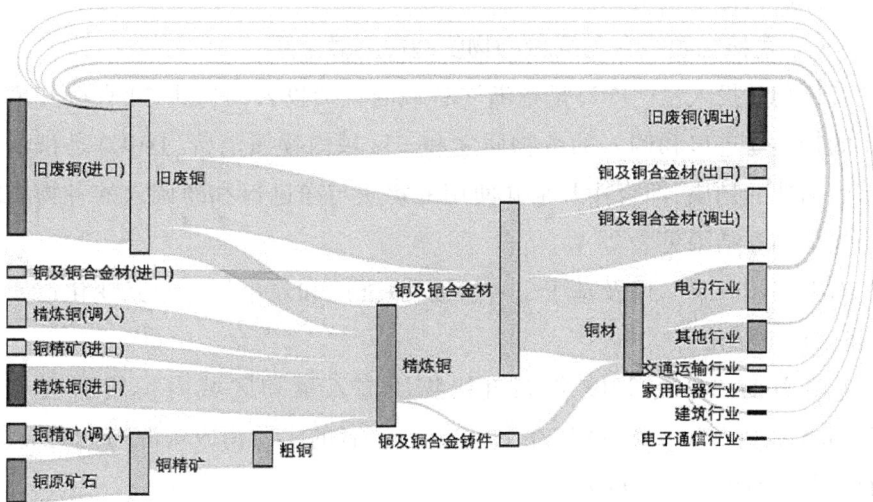

图 2-16　浙江省铜资源 e-sankey 图（2012）

粮的对外依存度均在 95% 以上，钢铁对外依存度为 85%。在生产过程，浙江省金属资源尤其是铜和铝的再生回收利用率较高，水泥原料中废物如粉煤灰、石膏等的替代比例达到 27%，废木屑的综合利用率接近 100%；另外，由于不具有资源优势，前端的加工处理如选矿等一般留在省外或者国外，金属制品业较为发达，而且呈现一定程度的区域聚集特性。在产品端，金属制品尤其是有色金属产品和木材的出口量较大,外贸型经济结构凸显,能源、非金属资源、工业用粮主要则以省内消费为主。各部分物质的流动具有一定程度的关联,如能源作为经济发展的基础动力,与其他所有资源的消费紧密相关;钢铁 50%以上用于建筑行业,与建材基础原料水泥的消费呈一定程度的正相关关系;镍资源 85%以上用于生产不锈钢,与钢铁行业的生产消费关联度较大。

二、资源产出率测算结果

利用每一类资源的物质流数据,研究系统测算了浙江省 2010—2013 年直接物质投入量(DMI)、区域内物质消费量(DMC)、原始资源消费当量(RMC)、循环率(RR)。囿于核算口径和数据可得性,物质循环率仅考虑铁、铜、铝、铅、锌、镍这六种金属资源。

(一)直接物质投入与区域内物质消费测算结果

直接物质投入量(DMI)是指浙江省域内直接投入的物质,即直接开采并使用的物质与进口和调入的各物质之和。区域内物质消费(DMC)是指浙江省域内消费的物质,即直接开采并使用的物质与净进口和净调入的各物质之和。具体测算结果见表 2-4。

对 DMI 和 DMC,以及基于二者的结构、强度和效率指标及其变化速率研究,得出以下结论。

1. 浙江省 2010—2013 年间直接物质输入量和区域内物质消费量在 3.5—4.5 亿吨之间,增长率均在 10%以上,二者的主要构成资源均为煤炭、石灰石、钢铁、石油,占比 95%。

2. 浙江省 2010—2013 年资源产出率增长率超过了 12%,其中 2011 年资源产出率下降,主要由于石灰石、钢铁、煤炭和石油所主导的资源利用量的增长率超过了 GDP 的增长率,2012 年资源产出率增长幅度超过 9.9%,主要原因在于因石灰石利用量的降低所主导的资源利用量发生了降低,与此同时GDP 保持较快增长。

表 2-4　浙江省 DMI 与 DMC 分析（2010—2013）

指标	单位	2010	2011	2012	2013	三年增长
DMI	万吨	39421	44829	44065	44794	13.7%
DMC	万吨	34902	39455	37830	38468	10.2%
GDP/DMI	元/吨	7032	6741	7406	7883	—
GDP/DMI 相对于上一年变化	%	—	-4.1	9.9	6.4	12.1%
GDP/DMC	元/吨	7943	7659	8627	9179	—
GDP/DMC 相对于上一年变化	%	—	-3.6	12.6	6.4	15.6%
人均 DMI	吨/人	7.24	8.21	8.05	8.15	12.6%
人均 DMC	吨/人	6.41	7.22	6.91	7.00	9.2%

从 DMI 的总量来看，浙江省 2010—2013 年间 DMI 由 39421 万吨增长到 44794 万吨，增长率为 13.7%；从 DMI 的来源来看，2012 年省外调入、直接开采使用和进口分别占 DMI 总量的 51%、22% 和 27%，即浙江省 78% 的资源投入来自于省外，资源对外依存度非常高，具体见图 2-17。从 DMI 的构成资源来看，煤炭、石灰石、钢铁、石油是 DMI 的主要构成资源，2012 年所占比例分别为 34%、27%、18% 和 16%，合计 95%，具体见图 2-18。

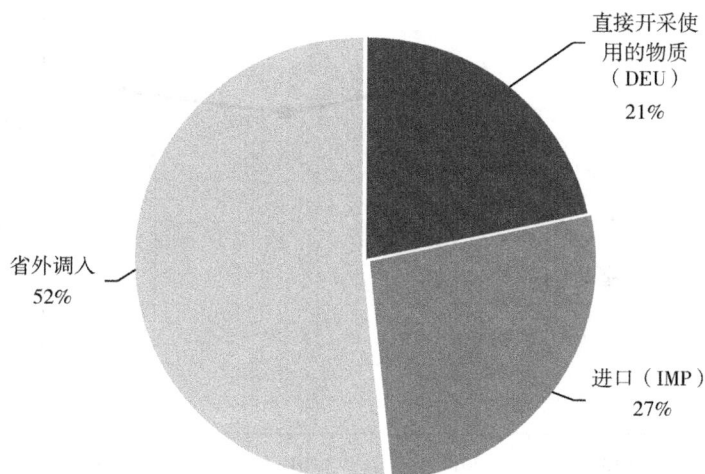

图 2-17　浙江省 DMI 来源结构（2012）

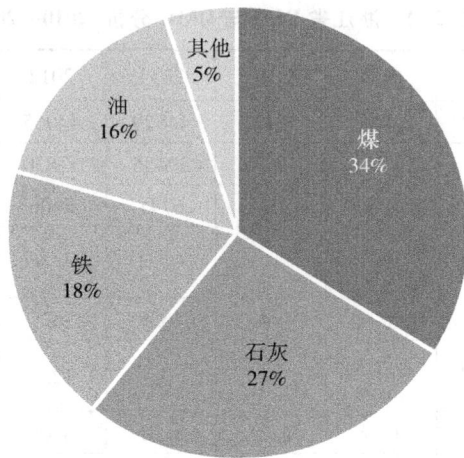

图 2-18   浙江省 DMI 资源结构（2012）

注:其他资源包括木材、天然气、铝、铜、硫、萤石、工业用粮、锌、磷、镍、铅。

从 DMI 的强度和效率的角度来看,浙江省 2010—2013 年间人均 DMI 由 7.24 吨/人增长到 8.15 吨/人,增长率为 12.6%;浙江省 2010—2013 年间基于 DMI 的资源产出率由 7032 元/吨增长到 7883 元/吨,增长率为 12.1%,年均增长率为 3.9%,具体见图 2-19。

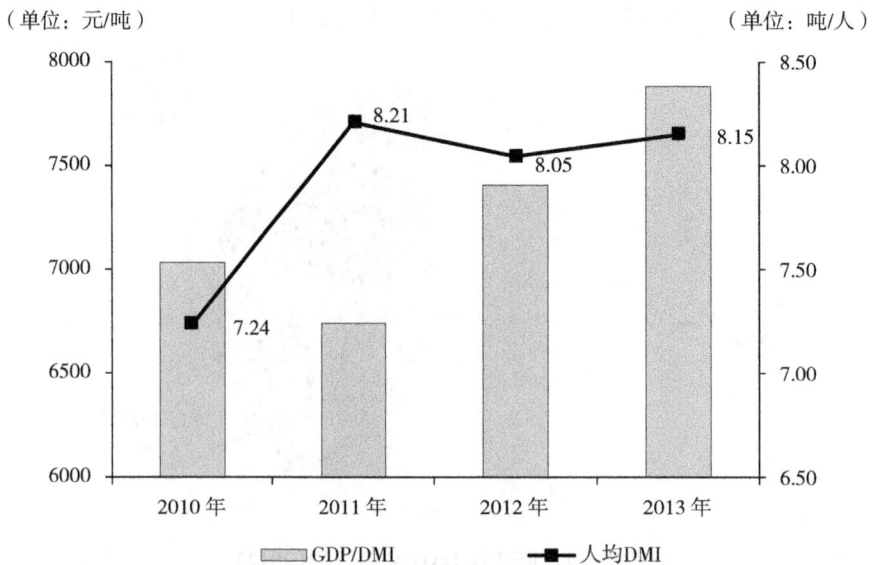

图 2-19   浙江省 DMI 效率（2010—2013）

浙江省 2011—2013 年各资源变动量见表 2-5。表中各年份对应的各资源数据为本年与上一年的数据之差,如 2011 年对应的各资源数据为 2011 年与 2010 年之差;表中 2013 年对应的煤、铁、铜等数据为 0,用 2012 年数据替代,故 2013 年与 2012 年数据之差为 0。

从中可以看出,2011 年,基于 DMI 的资源产出率降低了 4.1%,主要原因在于由石灰石、钢铁、煤炭和石油所主导的 DMI 的增长率为 13.7%,超过了 GDP 的增长率 9%;2012 年,基于 DMI 的资源产出率增长率最高,达到 9.9%,主要原因在于 GDP 增长了 8.0% 的同时 DMI 却降低了 1.7%,而造成 DMI 降低最为主要的因素则在于石灰石利用量的降低。

表 2-5　浙江省各资源 DMI 和 DMC 变化(2011—2013)

资源	直接物质输入量(DMI)(万吨)			区域内物质消费(DMC)(万吨)		
	2011	2012	2013	2011	2012	2013
煤	928	−178	0	928	−178	0
油	447	350	159	369	110	159
气	81	30	−14	81	30	−14
铁	1038	986	0	278	402	0
铜	4.8	24	−48	−6	9	−37
铝	40	34	−313	30	35	−320
铅	5	5	5	5	5	5
锌	−3	−5	−7	−3	−5	−7
镍	−6	−3	11	−5	−1	8
石灰	2765	−2149	1089	2769	−2160	997
硫	82	60	−140	81	60	−129
磷	8	7	−5	8	7	−5
萤石	0	45	14	0	31	5
木材	25	36	−24	25	36	−24
工业用粮	−6	−5	0	−6	−5	0
合计	5409	−763	727	4554	−1624	638

从 DMC 的总量来看,浙江省 2010—2013 年间 DMC 由 34902 万吨增长到 38468 万吨,增长率为 10.2%;从 DMC 的构成资源来看,煤炭、石灰石、钢铁、石油是 DMC 的主要构成资源,2012 年所占比例分别为 39%、28%、15% 和 13%,合计 95%,具体见图 2-20。

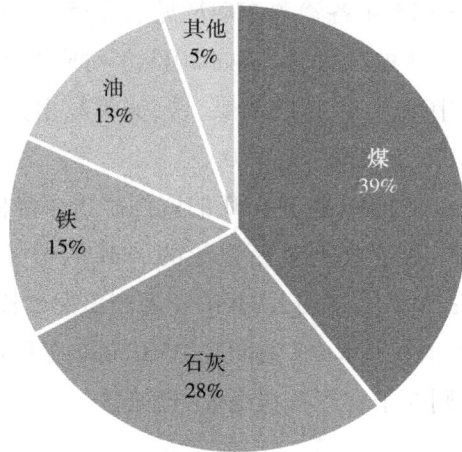

图 2-20　浙江省 DMC 结构（2012）

注：其他资源包括木材、天然气、铝、铜、硫、萤石、工业用粮、锌、磷、镍、铅。

从 DMC 的强度和效率的角度来看，浙江省 2010—2013 年间人均 DMC 由 6.41 吨/人增长到 7.00 吨/人，增长率为 9.2%；浙江省 2010 年—2013 年间基于 DMC 的资源产出率由 7943 元/吨增长到 9197 元/吨，增长率为 15.6%，年均增长率为 4.9%；具体见图 2-21。

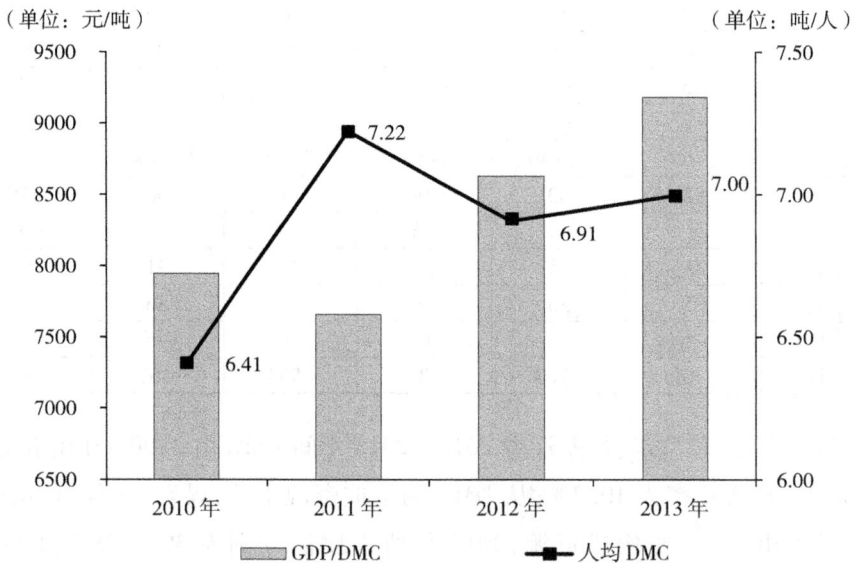

图 2-21　浙江省 DMC 结构（2010—2013）

从基于 DMC 的资源产出率历年的变化率来看,2011 年,基于 DMC 的资源产出率降低了 3.6%,主要原因在于由石灰石、钢铁、煤炭和石油所主导的 DMC 的增长率为 13.0%,超过了 GDP 的增长率 9%;2012 年,基于 DMC 的资源产出率增长率最高,达到 12.6%,主要原因在于 GDP 增长了 8.0% 的同时 DMC 却降低了 4.1%,而造成 DMC 降低最为主要的因素则在于石灰石利用量的降低。

(二)原始资源消费当量 RMC 测算结果

原始资源消费当量 RMC 是根据各资源专题的 SFA 物流质分析后,将二次资源折算一次资源当量加总所得。本书考察 2010—2013 年浙江省 RMC 总量、结构、强度以及基于 RMC 的资源产出率,结果见表 2-6 和表 2-7。

由表 2-7 可看出,2010 年浙江省基于 RMC 的资源产出率为 4804 元/吨,2013 年达到 5545 元/吨,相比 2010 年提高了 15.4%,年均增长率为 4.9%;其中,2012 年相比上一年提高幅度最大,为 6.3%,其余年份的增长率则相对较低。

表 2-6　浙江省原始资源消费当量 RMC 测算结果

资源(万吨)	2010	2011	2012	2013
能源	17346	18591	18463	19414
铁	13824	14677	15640	15640
铜	8788	8428	9033	9033
铝	445	499	546	546
铅	1010	1108.6	1200	1308.6
锌	2116	2100	1878	1773
镍	1376	1243	929	1304
石灰	10472	11225	10837	11671
硫	173	207	272	272
磷	64	75	83	74
木材	397	415	441	481
工业用粮	145	138	134	121
萤石	82	80.4	103.4	113
煤炭	104	114.9	125	117

续表

资源(万吨)	2010	2011	2012	2013
天然气	0	0	0	0
石油	1366	1533	1694	1817
总计	57708	60435	61379	63686

表 2-7　浙江省原始资源消费当量资源产出率测算结果

指标	2010	2011	2012	2013
GDP(亿元,2010 年不变价)	27722	30217	32635	35311
资源产出率(元/吨)	4804	5000	5317	5545
资源产出率变化率(相对于上一年)	—	4.1%	6.3%	4.3%

从 RMC 的总量来看,浙江省 2010—2013 年间 RMC 由 57708 万吨增长到 63686 万吨,增长率为 10.4%;从 RMC 的构成资源来看,能源、钢铁、石灰石和铜是 RMC 的主要构成资源,2012 年所占比例分别为 30%、25%、18% 和 15%,合计 88%,具体见图 2-22;从人均 RMC 量来看,浙江省 2010—2013 年间人均 RMC 由 10.6 吨/人增长到 11.6 吨/人,增长率为 9.3%,具体见图 2-23。

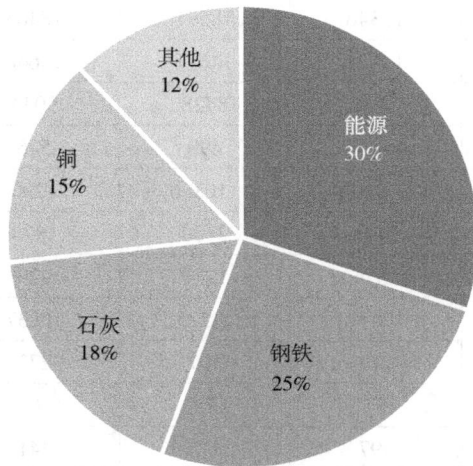

图 2-22　浙江省 RMC 结构

注:其他资源包括锌、铅、镍、铝、木材、硫、工业用粮、萤石、磷、煤炭、石油、天然气(其中,能源是指用作燃料的各种能源,而煤炭、石油和天然气消耗是指用作原材料的部分)。

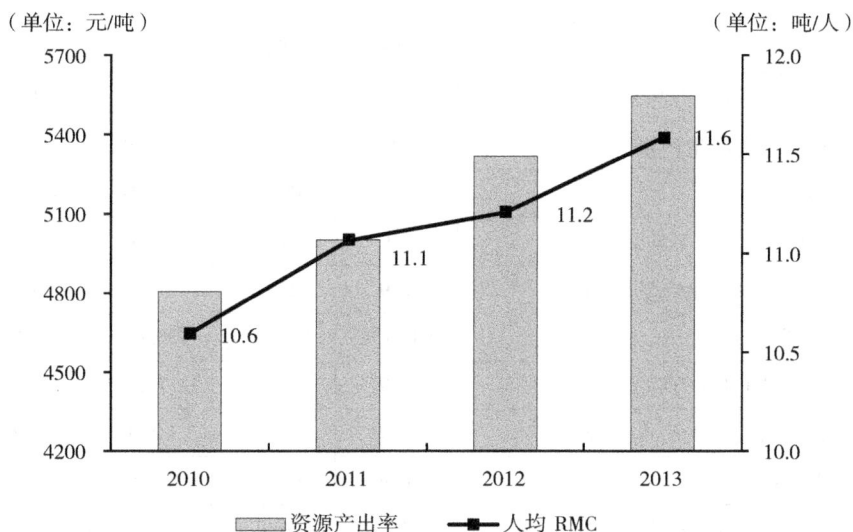

（单位：元/吨）　　　　　　　　　　　　　　　　　　　（单位：吨/人）

图 2-23　浙江省 RMC 效率

（三）物质循环率测算结果

根据研究所确定的核算口径及数据的可得性，所研究的物质循环率并不包括粉煤灰、废塑料、废纸、废橡胶等非金属的物质，仅包括铁、铜、铝、铅、锌、镍这6类金属资源。根据研究方法中所确定的循环率计算方法，分别计算总体物质循环率和各类资源的物质循环率，见表2-8。

表 2-8　浙江省各物质循环率（2010—2013）

资源	指标	2010	2011	2012	2013
铁	废钢消耗量（万吨）	708.7	776.1	776.5	901.7
	钢材和铸件生产量（万吨）	2962.7	3282.7	3502.2	3502.2
	循环率	23.9%	23.6%	22.2%	25.7%
铜	废铜消耗量（万吨）	65.0	67.4	72.5	72.5
	铜材和铸件生产量（万吨）	143.2	145.8	156.9	156.9
	循环率	45.4%	46.3%	46.2%	46.2%

资源	指标	2010	2011	2012	2013
铝	废铝消耗量(万吨)	74.1	83.2	91.0	91.0
	铝二次资源生产量(万吨)	137.2	151.1	153.9	153.9
	循环率	54.0%	55.1%	59.1%	59.1%
铅	废铅消耗量(万吨)	1.9	10.0	16.1	18.1
	铅二次资源生产量(万吨)	1.9	10.0	16.1	18.1
	循环率	100.0%	100.0%	100.0%	100.0%
锌	废锌消耗量(万吨)	7.9	7.6	7.6	7.2
	锌二次资源生产量(万吨)	17.0	14.8	10.9	11.6
	循环率	46.5%	51.5%	70.0%	62.0%
镍	废镍消耗量(万吨)	7.6	6.9	5.2	7.2
	镍二次资源生产量(万吨)	7.6	6.9	5.2	7.2
	循环率	100.0%	100.0%	100.0%	100.0%
总体	废金属总消耗量(万吨)	865.3	951.3	968.9	1097.7
	金属二次资源的生产总量(万吨)	3269.6	3611.3	3845.3	3850.0
	循环率	26.5%	26.3%	25.2%	28.5%

1. 浙江省 2010—2013 年金属资源总体循环率由 26.5% 增长到 28.5%。废金属的消费总量增长了 26.9%,2013 年达到 1098 万吨,金属二次资源的生产总量增长了 17.8%,2013 年达到 3850 万吨,从而使得总体资源循环率由 26.5% 增长到 28.5%,增长了 7.7%。

2. 浙江省 2010—2013 年 6 类废金属中铅和锌资源保持 100% 的循环率,其余资源循环率有不同幅度增长。

钢铁的循环率由 23.9% 提高到 25.7%。其中,废钢消费量由 708.7 万吨增长到 901.7 万吨,增长率为 27.2%,但钢材和铸件生产量由 2962.7 万吨增长到 3502.2 万吨,增长率为 18.2%,低于废钢消费量的增长率。

铜的循环率由 45.4% 提高到 46.2%。其中,废铜消费量由 65.0 万吨增长到 72.5 万吨,增长率为 11.5%,但铜材和铸件的生产量由 143.2 万吨增长到

156.9 万吨,增长率为 9.6%,低于废铜消费量的增长率。

铝的循环率由 54.0% 提高到 59.1%。其中,废铝消费量由 74.1 万吨增长到 91.0 万吨,增长率为 22.8%,但铝二次资源生产量由 137.2 万吨增长到 153.9 万吨,增长率为 12.2%,低于废铝消费量的增长率。

铅和镍的循环率始终保持 100% 不变,主要原因在于浙江省的铅和镍的二次资源的生产全部来自废铅和废镍。

锌的循环率由 46.5% 提高到 62.0%。其中,废锌消费量由 7.9 万吨降低到 7.2 万吨,降低了 8.9%,但锌二次资源的生产量由 17.0 万吨降低到 11.6 万吨,降低了 31.7%,相对降低幅度高于废锌消耗量的相对降低幅度。

3. 浙江省 2010—2013 年间金属冶炼环节的废金属利用量占比在 52% 以上(不含铅和镍),其中,铝保持 100%,铜在 66% 以上,铁在 52% 以上,锌为 0。具体见表 2-9。

表 2-9　浙江省金属冶炼中废金属占比(2010—2013)

资源	指标	2010	2011	2012	2013
铁	冶炼环节废钢消耗量(万吨)	708.7	776.1	776.5	901.7
	粗钢生产量(万吨)	1228.5	1329.9	1305.2	1733.2
	冶炼环节废钢占比	57.7%	58.4%	59.5%	52.0%
铜	冶炼环节废铜消耗量(万吨)	21.5	21.1	19.6	19.6
	精炼铜生产量(万吨)	29.7	31.2	29.4	29.4
	冶炼环节废铜占比	72.3%	67.9%	66.7%	66.7%
铝	冶炼环节废铝消耗量(万吨)	15.0	15.3	15.3	7.7
	原铝生产量(万吨)	15.0	15.3	15.3	7.7
	冶炼环节废铜占比	100%	100%	100%	100%
铅	冶炼环节废铅占比	无铅冶炼企业			
锌	冶炼环节废锌消费量(万吨)	0.0	0.0	0.0	0.0
	电解锌生产量(万吨)	9.1	7.2	3.3	4.4
	冶炼环节废锌占比	0.0%	0.0%	0.0%	0.0%
镍	冶炼环节废镍占比	无镍冶炼企业			

续表

资源	指标	2010	2011	2012	2013
总体	冶炼环节废金属总消耗量(万吨)	745.2	812.5	811.4	929.0
	金属初级产品生产总量(万吨)	1282.4	1383.6	1353.2	1774.6
	冶炼环节废金属占比	58.1%	58.7%	60.0%	52.3%

(四)浙江省物质流分析的总体图景

按照经济系统物质流分析的一般框架和原理,根据研究所选取的资源种类和核算范围,利用已测算的各类资源的 SFA 数据,将每一类资源的区域内开采量、进口量、调入量、出口量和调出量分别进行加总即可得到总体资源的区域内开采量、进口量、调入量、出口量和调出量。因此,可构建和绘制浙江省2010—2013 年经济系统代谢过程的物质流全景图。

因 2010—2013 年浙江省物质流中的流量和结构变化相对较小,研究仅以2012 年物质流全景图为例(如图 2-27),对浙江省经济系统代谢过程进行简要分析。

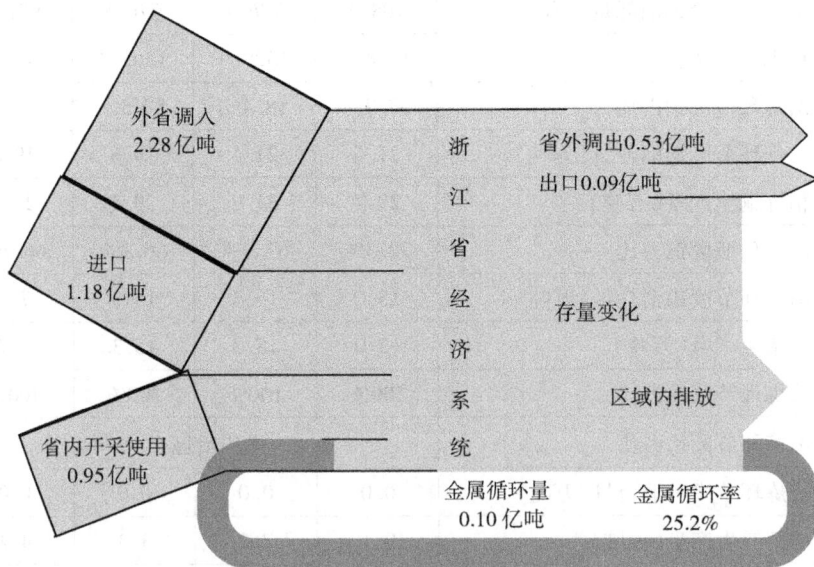

图 2-24 浙江省物质流全景图(2012)

从物质输入的角度来看,2012 年浙江省经济系统的直接物质投入量(DMI)为 4.40 亿吨。其中:0.95 亿吨来自省内资源的开采使用(主要为石灰石等非金属资源),约占 22%;1.18 亿吨来自国外进口,约占 27%;2.28 亿吨来自外省调入(主要为能源和铁资源),约占 51%。因此,浙江省资源的综合依存度为 78%,其中能源、铝、镍、磷等资源的对外依存度为 100%,铅、锌、工业用粮的对外依存度均在 95% 以上,钢铁对外依存度为 85%。

从物质输出的角度来看,2012 年浙江省经济系统的物质输出量(不含区域内排放)为 0.62 亿吨,其中省外调出 0.53 亿吨,国外出口 0.09 亿吨,其余资源均转化成浙江省经济系统中的存量,如基础设施、机械设备等。

从物质循环的角度来看,2012 年浙江省经济系统的物质循环量约为 0.10 亿吨(如前所述,囿于测算口径和数据可得性,研究所考虑的循环物质仅为铁、铜、铝、铅、锌、镍这 6 类金属资源,不包括粉煤灰、废纸、废塑料、废橡胶等其它废弃资源)。如前文计算,金属资源的循环率(RR)为 25.2%,通过物质循环大大节约了原生资源的使用。

(五) 三种方法测算调入调出资源的结果对比

从浙江省 RMC 各资源消费构成可以看出,能源、铜、钢铁、铝及石灰消费量占资源消费总量的 90% 以上。由于省域调入调出是省域层面资源产出率研究的难点所在,也是在研究方法方面的创新点,故对三种研究方法得到的 2012 年 5 种资源的省域调入调出测算结果进行对比分析,包括铁、铝、石灰石和能源,结果见表 2-10、表 2-11、表 2-12、表 2-13、表 2-14。

表 2-10　铁资源大数据方法和投入产出法省界调入调出测算结果

资源	流向	单位	数　　值		
			物质流方法	大数据方法	投入产出法
铁矿石	省内调出	万吨	2210.69	2261	2506.67
生铁	省内调出	万吨	2	8.8	2
粗钢	省内调出	万吨	129	157.1	129
钢材	省内调出	万吨	125.09	653.3	377
废钢	省内调出	万吨	0	60.1	60

资源	流向	单位	数　值		
			物质流方法	大数据方法	投入产出法
铁矿石	省外调入	万吨	0	114.9	125.3
生铁	省外调入	万吨	409.34	464.5	75.4
粗钢	省外调入	万吨	201.9	283.8	201.9
钢材	省外调入	万吨	1652.02	3917	3614.1
废钢	省外调入	万吨	0	48.3	48

从表 2-10 中看出,三种研究方法测算钢铁资源的省域调入调出,在钢材的省内外调入调出方面存在较大差异,主要原因是投入产出方法未扣除浙江钢材产量中有 1680 万吨为利用国内购入钢材再加工量,若扣除则结果基本一致。

表 2-11　铜资源大数据方法和投入产出法省界调入调出测算结果

资源	流向	单位	数　值		
			物质流方法	大数据方法	投入产出法
铜精矿	省内调出	万吨	0	—	6.2
精炼铜	省内调出	万吨	0	13	6.7
铜及铜合金	省内调出	万吨	67.75	27.9	21.6
旧废铜	省内调出	万吨	59.28	59.32	——
铜矿石	省外调入	万吨	0	36.8	——
铜精矿	省外调入	万吨	19.56	21.5	20.2
精炼铜	省外调入	万吨	28.16	29.03	30.5
铜及铜合金	省外调入	万吨	0	—	23.5

从表 2-11 可看出,三种研究方法测算铜资源的省域调入调出,在旧废铜、铜精矿、精炼铜等方面的数据比较接近。但在铜及铜合金方面,投入产出法与大数据方法的结果接近,与物质流方法相差较大,主要原因是物质流方法中省外调出量包含电线电缆的省际贸易量,投入产出法认为电线电缆是产品,不作为原材料调出。

表 2-12　石灰石大数据方法和投入产出法省界调入调出测算结果

资源	流向	单位	数　　值		
			物质流分析	大数据方法	投入产出法
水泥熟料	省内调出	万吨	0	——	1468.6
水泥	省内调出	万吨	1000	282.3	277
水泥制品	省内调出	万吨	0	290.1	——
水泥熟料	省外调入	万吨	1700	1687.2	1672.8
水泥	省外调入	万吨	1000	402.8	469.2

从表 2-12 可看出,三种研究方法测算石灰石资源的省域调入调出,在物质流与其它两种方法得到的水泥省域调入调出相差较大,主要原因是从行业协会了解到浙江省的水泥在本省内基本平衡,即省外调入和省外调出基本平衡,1000 万吨是粗略估算的数据。而从投入产出法和大数据方法中看到,净调入约 100 万吨左右,这一数据与当年水泥产量 1.2 亿吨的量级来比,则可说明省域调入调出的量确实比较小。

表 2-13　铝资源大数据方法和投入产出法省界调入调出测算结果

资源	流向	单位	数　　值		
			物质流分析	大数据方法	投入产出法
原铝	省内调出	万吨	0	6.1	7.1
铝加工材	省内调出	万吨	0	22.7	15.7
氧化铝	省内调出	万吨		29	——
原铝	省外调入	万吨	147.3	51.45	54.3
铝加工材	省外调入	万吨	103.9	81.43	53.3
废铝	省外调入	万吨		45.8	——

从表 2-13 中可看出,由于物质流分析方面较难获取铝资源的省域调入调出数据。而从另两种研究方法测算的省域调入调出结果可看出,除铝加工材方面存在一定差异外,其他重要节点的数据均比较接近。

表 2-14 能源资源大数据方法和投入产出法省界调入调出测算结果

资源	流向	单位	数　　值		
			物质流分析	大数据方法	投入产出法
油品	省内调出	万吨	—	1836	—
汽油	省内调出	万吨	170.8	—	170.8
煤油	省内调出	万吨	52.79	—	52.79
柴油	省内调出	万吨	348.19	—	348.19
燃料油	省内调出	万吨	500.75	—	500.75
煤	省外调入	万吨	13109.34	13654	13136.8
焦炭	省外调入	万吨	154.2	150.47	154.2
原油	省外调入	万吨	801.04	1093	801.04
汽油	省外调入	万吨	573.19	600.24	573.19
煤油	省外调入	万吨	48.22	40	48.22
柴油	省外调入	万吨	476.3	469.5	476.3
燃料油	省外调入	万吨	626.44	312.2	626.44
天然气	省外调入	亿立方米	47.2	47.11	47.2

从表 2-14 中可看出,由于能源资源方面浙江省统计局每年编制全省的能源平衡表,对省域间调入调出均有统计,因此,物质流和投入产出方法均直接采用了能源平衡表的数据,而大数据方法则对这方面进行了测算。从测算结果可看出,原油、燃料油方面存在一定的差异,其它品种较接近。

总体而言:(1)研究以国家层面的导则为主,探索两种辅助方法用于测算浙江省资源产出率,在实践应用上具有广泛的前景。(2)从研究对浙江省资源产出率及资源的调入调出数据测算结果的对比来看,"一主两辅"所测算得到的总体结果差异较小,验证了研究方法的可行性。(3)研究在方法层面的创新与探索可为其它省份资源产出率的研究提供较好的借鉴。

第三节 资源产出率评价

主要通过对比分析来对浙江省有关资源各类指标进行评价,包括:经济系统物质流指标、资源产出率指标、物质循环率指标(结果见表 2-15)。主要目的在于通过不同的指标对比与评价,对浙江的社会经济发展水平从不同的角度进行定位。

表 2-15　浙江省资源产出率测算结果(2010—2013)

指　标	单位	2010	2011	2012	2013
资源产出率(GDP/DMI)	元/吨	7032	6741	7406	7883
资源产出率(GDP/DMC)	元/吨	7943	7659	8627	9179
资源产出率(GDP/RMC)	元/吨	4804	5000	5317	5545

首先从时间的角度对比浙江省 2010—2013 年这三年的资源产出率指标和主要金属资源的循环率指标的变化,评价其变化幅度和速率;其次从空间的角度对比浙江省的这些指标与文献所计算的中国各省区市、中国、世界主要国家的相关指标,评价其差异。囿于文献和数据可得性,浙江省与中国各省区市对比不包括金属物质的循环率指标。

一、浙江物质流及资源产出率与在近三年的变化对比

研究从物质流分析得出,2010—2013 年,浙江省资源产出率显著提升(增长率超过了 12%),其主要原因在于,资源消费量的增长速度低于 GDP 的增长速度。具体而言:直接物质输入量 DMI 和区域内物质消费量 DMC 在 3.5—4.5 亿吨之间,原始资源消费当量 RMC 在 5.6—6.4 亿吨之间。其中,浙江省的直接物质输入量 DMI 近三年增长了 13.7%,区域内物质消费 DMC 近三年增长了 10.2%,原始资源消费当量 RMC 近三年增长了 10.4%(9.8%)。从省域内物质消费的角度,浙江省以 10% 的资源消费量增长速度支撑了 27% 的GDP 增长,具体见表 2-16。

表 2-16　浙江省主要资源利用及 GDP 变化情况(2010—2013)

指标	单位	2010	2011	2012	2013	三年增长
DMI	万吨	39421	44829	44065	44794	13.7%
DMC	万吨	34902	39455	37830	38468	10.2%
RMC	万吨	57708	60435	61379	63686	10.4%
GDP	亿元,2010 年不变价	27722	30217	32635	35311	27.4%

　　研究了 2010—2013 年浙江省铁、铜、铝、铅、锌、镍这 6 类金属资源的循环率,其中铅和镍资源保持 100% 的循环率(浙江省的铅和镍的二次资源的生产全部来自废铅和废镍);钢铁的循环率由 23.9% 提高到 25.7%;铜的循环率由 45.4% 提高到 46.2%;铝的循环率由 54.0% 提高到 59.1%;锌的循环率由 46.5% 提高到 62.0%。据此初步估算,浙江省 2010—2013 年金属资源总体资源循环率由 26.5% 提高到 28.5%,增长了 7.7%。

二、浙江与其他部分省市的对比

　　在中国的省域和城市层面上,一些学者也对中国部分省份和城市的各资源产出率进行了核算。然而,由于所选取的资源种类具有一定的差异、所采用的 GDP 数据具有不同的基准年份、所核算的资源产出率指标及数据的年份具有一定的不同,文献中核算所得到的各省市的资源产出率的绝对值大小也并不具有太大的可比性。因此,研究将文献所核算的中国各省市资源产出率的绝对数值作为浙江的参照,重点对比资源产出率的变化率,见表 2-17 和表 2-18。

表 2-17　浙江与其他部分省级行政区资源产出率对比

地区	指标	年份	数值(元/吨)	年均增长率	GDP 说明
浙江	GDP/RMC	2010	4804	4.9%	2010 年不变价
		2013	5545		
	GDP/DMC	2010	7943	4.9%	2010 年不变价
		2013	9179		
	GDP/DMI	2010	7032	3.9%	2010 年不变价
		2013	7883		
北京	GDP/DMI	2000	68	15%	未交代
		2005	139		
上海	GDP/DMI	1990	551	3%	2000 年不变价
		2003	802		

地区	指标	年份	数值（元/吨）	年均增长率	GDP 说明
天津	GDP/TMC	1995	145	10%	未交代
		2004	338		
广东	GDP/DMI	1990	504	10%	2000 年不变价
		2005	2066		
江苏	GDP/TMR	2000	664	6%	未交代
		2004	835		
辽宁	GDP/DMI	1990	250	17%	2003 年不变价
		2003	1850		
安徽	GDP/DMI	1990	1014	6%	2000 年不变价
		2005	2390		
陕西	GDP/DMI	1996	1150	-2.3%	未交代
		2003	979		
海南	GDP/DMI	1990	635	8%	未交代
		2007	2449		

表 2-18　浙江与其他部分市县资源产出率核算结果对比

地区	指标	年份	数值（元/吨）	年均增长率	GDP 说明
浙江	GDP/RMC	2010	4804	4.9%	2010 年不变价
		2013	5545		
	GDP/DMC	2010	7943	4.9%	2010 年不变价
		2013	9179		
	GDP/DMI	2010	7032	3.9%	2010 年不变价
		2013	7883		
贵州省贵阳市	GDP/TMR	1978	353	4%	未交代
		2002	917		
江苏省常州市武进区	GDP/TMI	2002	3968	-5%	1990 年不变价
		2004	3571		

地区	指标	年份	数值(元/吨)	年均增长率	GDP 说明
河北省 邯郸市	GDP/DMI	1993	152	6%	1990 年不变价
		2005	321		
山东省 青岛市	GDP/DMI	1999	303	12%	未交代
		2005	607		
吉林省 四平市	GDP/DMI	1997	1250	0.2%	未交代
		2005	1271		
甘肃省 甘南州	GDP/DMI	2000	1171	2.8%	2000 年不变价
		2007	1422		
福建省 厦门市	GDP/DMI	1996	2941	4.1%	2000 年不变价
		2007	4566		
辽宁省 大连市	GDP/TMR	2001	515	6%	2001 年不变价
		2007	739		

由表 2-17 和表 2-18 可知：

在资源产出率绝对数值的大小方面,浙江省比文献所核算的其他各省市(北京、上海、天津、广东、江苏、辽宁、安徽、陕西、海南;贵州省贵阳市、河北省邯郸市、山东省青岛市、吉林省四平市、甘肃省甘南州、辽宁省大连市、江苏省常州市武进区和福建省厦门市)在不同年份的资源产出率都要大。

在资源产出率的变化率方面,浙江省的增长速度并无突出的优势,年均增长率高于上海市、陕西省、江苏省常州市武进区、吉林省四平市和甘肃省甘南州,但相比北京、天津、广东、江苏、辽宁、安徽、海南、河北省邯郸市、山东省青岛市、辽宁省大连市则要低一些。

然而,如果以相同的方法,选取相同的资源种类,核算浙江与其他各省市在相同年份的资源产出率,并且进行对比分析,以上两点结论不一定成立。

三、浙江与中国的对比

根据经济系统物质流分析基本框架,按照与研究相同口径的资源种类,通过公开发布的年鉴和海关数据测算中国资源消费量(DMC)并计算出浙江省资源消费所占的比重。2013 年浙江 DMC 约为 3.85 亿吨,约占全国的 3.9%。而 2013 年浙江省 GDP 为 3.5 万亿元(2010 年不变价),占全国的 6.9%。浙江省在资源利用效率方面高于全国平均水平。

研究搜集了国内各研究机构对中国不同年份的主要金属资源循环率的研究成果,包括铁、铜、铝、铅、锌,结果见表 2-19。这些文献所采用的金属资源循环率的计算公式与研究基本一致,即金属资源循环率=废金属的消耗量/二次资源的生产量。尽管如此,由于循环率的计算年份与浙江省具有较大的差异,文献研究的中国各金属资源循环率的相关结果与浙江省并非完全可比,但亦可大致说明相关问题。根据这些结果可知,在中国范围内主要金属循环率如下:铁为 13.7%(2003 年),铜为 9.2%(2002 年),铝为 15.3%(2007 年),铅为 21.6%(2006 年),锌为 13.1%(2004 年)。与之相比,浙江省 2010—2013 年这些金属资源的循环率分别为:铁(23.9%—25.7%)、铜(45.4%—46.2%)、铝(54.0%—59.1%)、铅(100%)、锌(46.5%—62.0%),远高于中国的历史水平。

表 2-19　文献研究的中国主要金属资源循环率

资源	年份	循环率	计算说明
铁	2001	14.8%	铁资源循环率=废钢消耗量/钢材生产量,2003 年废钢消耗 4733.3 万吨,钢材产量 34453.8 万吨,循环率为 13.7%
	2003	13.7%	
铜	2001	9.6%	铜资源循环率=废铜消耗量/铜材生产量,2002 年废铜消耗量 15 万吨,铜材产量 163.3 万吨,循环率为 9.2%
	2002	9.2%	
铝	2003	18.7%	铝资源循环率=废铝消耗量/铝材生产量,2007 年废铝消耗 273.0 万吨,铝材产量 1786.5 万吨,循环率为 15.3%
	2007	15.3%	
铅	2001	17.7%	铅资源循环率=废铅消耗量/铅锭生产量,2006 年废铅消耗量 58.7 万吨,铅锭产量 271.5 万吨,循环率为 21.6%
	2006	21.6%	
锌	2004	13.1%	锌资源循环率=再生锌产量/锌产量,2004 年再生锌产量 35.6 万吨,锌产量 271 万吨,循环率为 13.1%

四、浙江与世界的对比

研究选取 2010 年世界 GDP 排名前十的国家,包括:美国、日本、中国、德国、法国、英国、巴西、意大利、加拿大和印度,对比分析浙江与这些国家的基于 DMC 的资源产出率之间的相对大小。

需要说明的是:研究所采用的世界 GDP 前十国家的 GDP 及人口数据源于世界银行数据库,均为 2005 年美元不变价,浙江的 GDP 及资源产出率数据也按照相应的汇率换算为 2005 年美元不变价;各种资源消费指标为 DMC,数据源于可持续欧洲发展研究所(SERI)数据库。该数据核算的资源种类范围等与浙江存在一定的差异,其中,SERI 测算资源产出率涵盖了 200 多种资源,而研究对浙江省资源产出率的测算与国家层面保持一致,选取了 14 种资源。因此,在数值的相对大小方面并不完全具有可比性。然而,由于无法按照研究所确定的测算方法与资源种类来测算世界各国的物质流指标,因此,研究仍然希望通过这些存在一定差异的数据对比来大致对浙江的资源消费与经济增长进行定位。

研究对比 2010 年浙江省与世界 GDP 前十国家资源产出率之间的相对大小。由图 2-25 可知,从空间范围来看,2010 年中国资源产出率(SERI 数据)相对较小,与美国和日本等发达国家具有很大的差距(约为 1/25),而浙江省资源产出率则相对中国要高一些(基于 DMC 的资源产出率约为中国的 5 倍),但与日美相比,仍有较大差距(约为 1/5)。事实上,因浙江资源产出率测算包含的资源种类比 SERI 小,如果按照与 SERI 相同的标准测算浙江资源产出率,浙江省的资源产出率与日美等世界发达国家之间的差距会更大。资源产出率还有较大的提升空间,未来发展仍需加快提高资源产出率的速度。

根据研究所确定的各类金属物质循环率测算公式(循环率=废金属消费量与二次资源生产量之比,废金属消费量和二次资源投入量均以纯金属含量计量)所测算的 2010—2013 年浙江省各金属资源的循环率可知,浙江省六种资源循环率分别为:铁(23.9%—25.7%)、铜(45.4%—46.2%)、铝(54.0%—59.1%)、锌(46.5%—62.0%)、铅和镍(100%)。从图 2-26 的世界金属物质循环率可知,铁、铜、铝、铅、锌、镍这六种金属物质 2008 年在世界范围内的循

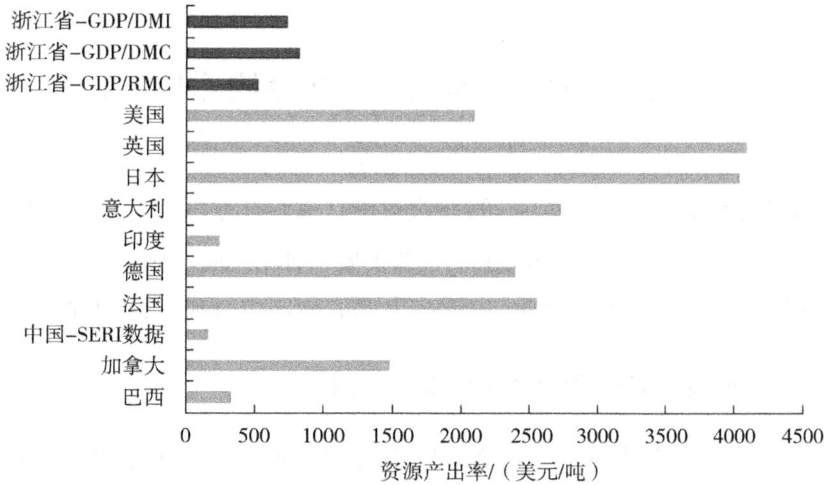

图 2-25　浙江与世界 GDP 前十国家的资源产出率（2010）

环率均超过 50%，而浙江省除铁资源远低于 50%，铜资源循环率接近 50%，其余资源的循环率均在 50% 以上，特别是铅和镍资源的循环率达到了 100%，高于世界平均水平。因此，在铁资源的循环率方面，浙江省未来还有很大的提升空间。

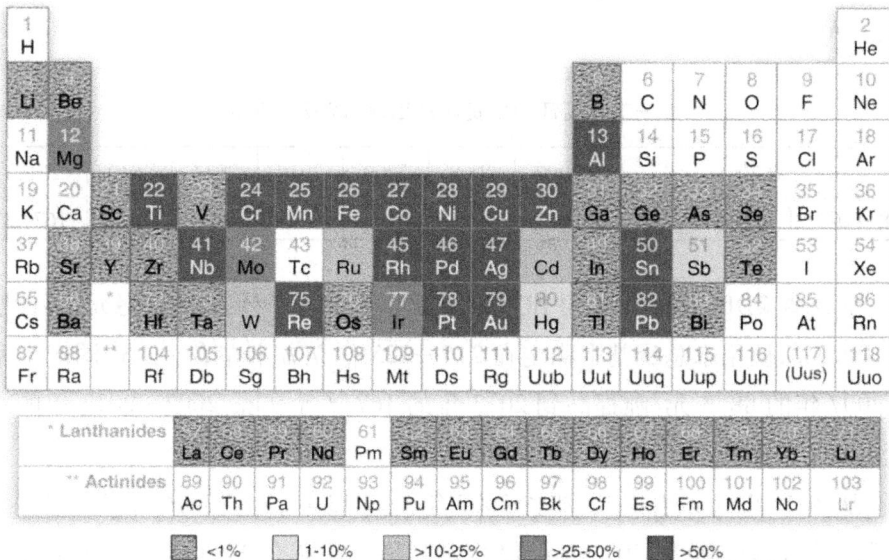

图 2-26　世界金属物质循环率（2008）

第四节　水和土地资源产出率测算与评价

前三节是运用"一主两辅"的方法对浙江省(物质)资源产出率进行了测算及其三种方法的结果对比分析,本书主要对水、土地的资源产出率进行测算。相关方法和数据与(物质)资源产出率的相比相对独立,故单独阐述。

一、水资源资源产出率的测算与评价

2013 年浙江省共消费水资源 224.75 亿吨,水资源产出率 167.2 元/吨水消费,万元工业增加值用水量 35.9 吨,三次产业用水结构 54.2∶36.1∶9.7。人均生活年用水量 50.4 立方米(注:城镇公共用水和农村牲畜用水不计入生活用水量中),其中城镇和农村居民人均生活年用水量分别为 55.3 立方米和 42.9 立方米。农田灌溉亩均年用水量为 335 立方米,其中水田亩均灌溉年用水量 388 立方米。万元工业增加值用水量 35.9 立方米(当年价)。全省水资源利用率为 24.1%。2007 年—2013 年浙江省水资源产出率见表 2-20。

表 2-20　浙江省水资源产出率(2007—2013)

年份	2007	2008	2009	2010	2011	2012	2013
水资源产出率(元/立方米)	88.3	99.2	105.2	123.1	144	155.7	167.2

浙江省 GDP 从 2007 年的 18754 亿元,增至 2013 年的 37569 亿元,累计增长 100.3%,但用水总量基本稳定在 215—225 亿立方米左右。水资源产出率从 2007 年的 88.3 元/吨提高到 2013 年的 167.2 元/吨。2007—2013 年的水资源产出率如图 2-27 所示。

从图 2-27 可以看出,浙江省 2007 年到 2013 年,水资源产出率呈现逐年上升的趋势,以 2009—2011 年的提升幅度最大。从 2004 年经济普查数据中浙江省各工业行业用水情况来看,电力、热力的生产和供应业占工业用水量的

（单位：元/立方米）

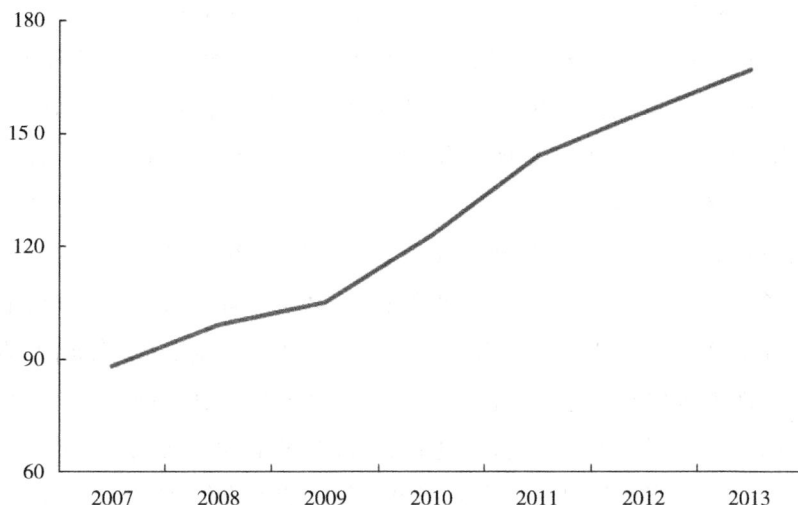

图 2-27 浙江省水资源产出率（2007—2013）

43.26%,是取用水量最大的工业行业,其次为纺织业13.99%,造纸和纸制品业10.61%,化学原料及化学制品制造业7.13%。考虑到电力、热力的生产和供应业中取用水主要作为冷却水,近年来,通过加大力度实施清洁生产,实施厂内重复利用等措施后,用水量有比较明显的下降,对水资源产出率的提升贡献较大。

如表2-21,将浙江省和全国的用水效率进行比较,浙江省用水效率是全国的1.8—1.9倍,即高于全国平均水平80%—90%,始终走在全国前列。2013年浙江省水资源产出率167.2元/吨,而全国仅92.2元/吨,江苏省、上海市分别为118.6元/吨和232元/吨。

表 2-21 浙江省与全国水资源产出率（2007—2013）

年份	2007	2008	2009	2010	2011	2012	2013
全国（元/立方米）	45.7	53.1	57.2	66.1	77.6	84.7	92.2
浙江（元/立方米）	88.3	99.2	105.2	123.1	144	155.7	167.2
浙江/全国	1.93	1.87	1.84	1.86	1.86	1.83	1.81

　　研究运用数据包络分析(Data Envelopment Analysis,简称 DEA)方法分析浙江省水资源效率情况。研究数据指标来源于《中国省市经济发展年鉴》,采用总用水量、COD 排放总量、废水排放总量作为评价各省水资源效率的投入指标,采用国内生产总值、税收收入,作为各省综合经济发展情况的输出指标。运用 DEA 模型计算,评价国内 30 个省、直辖市、自治区(除西藏)水资源效率情况。

　　各省水资源综合效率和规模收益情况见图 2-28。根据 DEA 模型计算结果,30 个省级评价单位中,北京、天津两市为综合有效,北京、天津、上海、江苏、浙江等 9 个省级评价单位为技术有效。从规模收益上看,除海南、青海、宁夏、甘肃四省规模收益递增,说明该四省通过增加投入可以使产出以更高的速度增加,可以适当扩大投入规模;北京、天津规模收益不变外,其余 24 个省规模收益递减,说明增加投入将会使产出增长的速度降低,需要通过缩小投入规模来提高效率,与目前国内大多数地区和行业产能相对过剩、利润率偏低的现实情况相符。

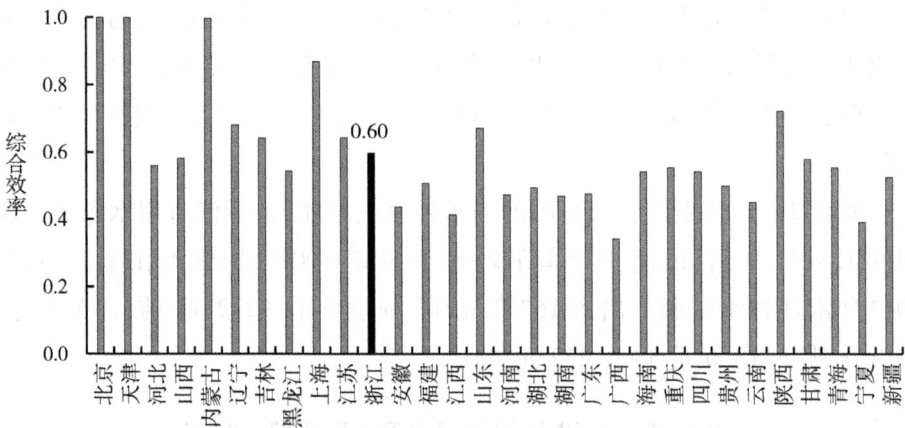

图 2-28　中国省级行政区水资源综合效率

　　浙江省综合效率为 0.596,在所以评价单位中处于中等偏上的位置,说明从综合经济发展情况上来看,浙江省水资源效率在全国不算领先。与先进省市相比,主要短板是单位收益排污量偏大(单位 GDP 的 COD 排放量是北京的 4 倍,上海的 3.44 倍)。可见,全力推进"五水共治",严格控制水污染物的排放是浙江省提升资源要素配置效率的首选措施。

2013年浙江省11个地级行政区水资源产出率情况见表2-22和图2-29。可以看出,舟山市水资源产出率为全省最高,是全省平均水平的近4倍;宁波、温州、绍兴三市水资源产出率高于全省平均水平;丽水、湖州、衢州水资源产出率较低,衢州市仅为全省平均水平的一半。

表2-22　浙江省地级行政区水资源产出率(2013)

地级市	水资源产出率(元/立方米)
杭　州	144.4
宁　波	319.3
温　州	175.3
嘉　兴	155.5
湖　州	99.7
绍　兴	188.0
金　华	157.5
衢　州	74.9
舟　山	624.7
台　州	163.8
丽　水	111.4

二、土地资源产出率的测算与评价

使用单位土地面积GDP表征浙江省土地资源产出率,测算得到土地资源产出率从2009年的2176.1万元/平方公里提高到2012年的3285.1万元/平方公里,三年内提高了51%,呈现逐年上升的态势。其中,农用土地产出率提升幅度为45.1%,建设用地产出率提升幅度为47%,建设用地产出率的提升幅度略大。从趋势上来看,浙江省近年来全行业、第一产业、第二三产业的土地产出率均呈现稳步上升态势,具体见表2-23。

（单位：元/立方米）

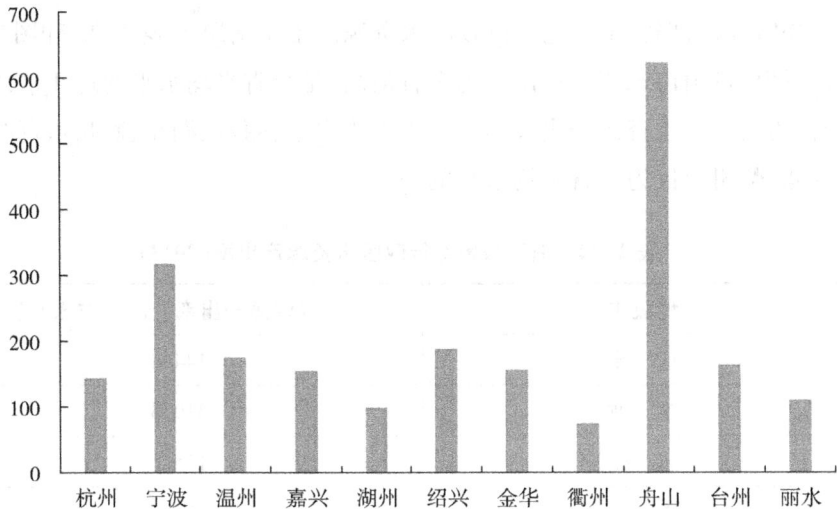

图 2-29　浙江省地级行政区水资源产出率（2013）

表 2-23　浙江省土地产出率（2009—2012）

年份	全行业土地产出率 万元/平方千米	第一产业土地产出率 万元/平方千米	第二三产业土地产出率 万元/平方千米
2009 年	2176.1	136.0	11128.5
2010 年	2627.6	159.5	13302.6
2011 年	3062.8	185.9	15355.7
2012 年	3285.1	197.4	16361.5

从全国范围来看,浙江省地均 GDP 产值处于全国第六位。全国各省以建成区地均 GDP 产值表征的土地资源产出率见图 2-30。

从 31 个省(自治区、直辖市)比较来看,其中,天津、广东、上海、北京、江苏位居前五,浙江省排名第六;宁夏和西藏位居后列。由此分析,地均 GDP 产值作为反映土地使用效率的重要指标,已较好地反映出一个区域的发展程度和经济集中程度,与国内各省(区、市)经济发展的现实情况相符。

从全省各地市的情况来看,各地市的土地资源产出率中,嘉兴市、宁波市和杭州市地均 GDP 产值在省内相对较高,见表 2-24 和图 2-31。

（单位：亿元/平方千米）

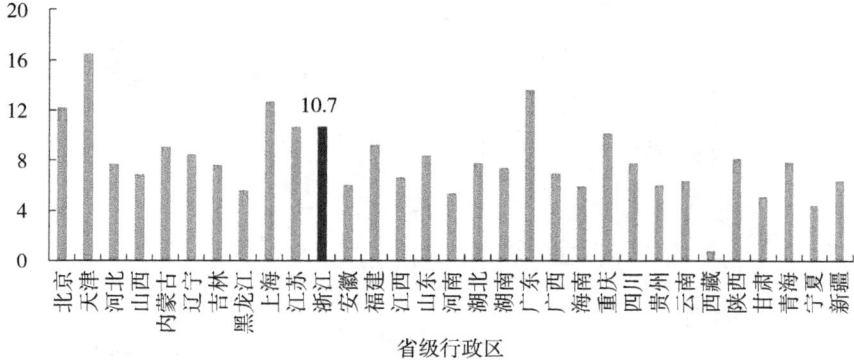

图 2-30　中国省级行政区建成区土地资源产出率（2012）

表 2-24　浙江省及各市土地产出率（2012）

行政区	土地产出率 万元/平方千米	农业土地产出率 万元/平方千米	建设用地土地产出率 万元/平方千米
浙江省	3285.1	197.4	16361.5
杭州市	4630.3	186.3	24141.9
宁波市	6764.5	411.7	19848.7
温州市	3041.3	116.8	16047.4
嘉兴市	6845.0	633.7	14952.9
湖州市	2859.5	287.0	10004.7
绍兴市	4413.6	288.5	18817.4
金华市	2477.5	148.8	14827.9
衢州市	1099.3	102.2	8748.3
舟山市	5865.0	963.0	14045.1
台州市	2900.3	257.6	12416.7
丽水市	517.6	48.7	8665.5

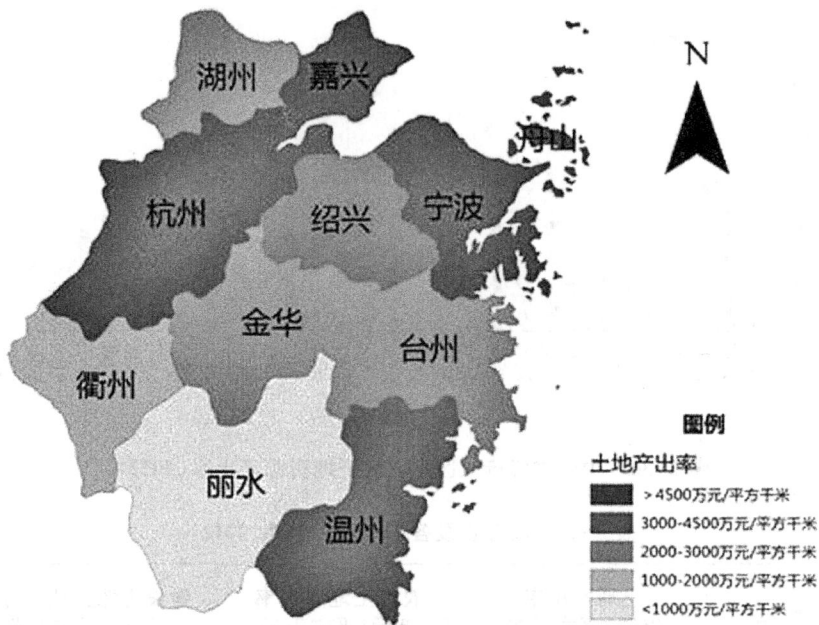

图 2-31 浙江省各市土地产出率(2012)

农用土地是国家保障性资源,在耕地总量的约束控制下,科学进行规划,提高精品农业的比例,发展密集型农业,提高机械作业水平,对提高农业产出及农产品价值起到了重要作用,同时也是农用土地资源产出率提高的主要原因。在建设用地资源产出率方面,通过淘汰落后产业,发展工业园区,实现产业向园区集聚发展,大大节约了土地资源,同时通过引进高附加值产业、发展服务业优化产业结构等方式,增加经济效益的同时也提高了经济发展的质量,使建设用地资源产出率得到了有效地提升。

第三章　资源产出率预测分析

从资源消费总量的宏观分析和分品种资源消费的趋势分析两种方法预测浙江省的资源消费总量和消费结构,在此基础上研究提出资源产出率的提升目标和资源消费控制目标。

第一节　经济发展趋势分析

一、趋势分析

2014 年,总的来看全球经济仍延续缓慢复苏态势,经济循环仍在寻找新的平衡。我国的经济则正处于增长速度换挡期、结构调整阵痛期、前期刺激政策消化期"三期叠加"的阶段,进入"新常态"模式。从增长速度看,经济增速换挡回落,从过去 10% 左右的高速增长转为 7%—8% 的中高速增长;从结构层面看,经济结构发生深刻变化,不断优化升级;从动力层面看,中国经济从要素驱动、投资驱动转向创新驱动;从风险层面看,新常态下面临新的挑战,一些不确定性风险显性化。不容置疑,我国正处在全面建成小康社会的决胜阶段,经济发展方式加快转变,新的增长动力正在孕育形成,经济长期向好的基本面没有改变。

浙江省是我国经济发达省份,经济发展更早地走向"新常态"发展模式,经济增长速度有所放缓,经济结构调整力度加大,创新驱动成效显著。总体而言,2014 年浙江经济运行平稳,主要经济指标处于合理区间,呈现出"稳中见好、逐季向好、优于全国"的良好态势。浙江经济实现平稳健康发展来之不

· 81 ·

易,越来越多的迹象表明,浙江经济正由旧的粗放外延式的扩张发展模式向新的集约内涵式发展模式加快过渡转型,在新旧两种状态交织阶段,需要披荆斩棘、迎难而上。

绿色发展是中国经济发展的重要战略之一。产业绿色化、生态化就是发展,绿水青山就是金山银山。浙江作为"两山"理念诞生地,对构建科技含量高、资源消耗低、环境污染少的产业结构和生产方式的需求更为迫切。尤其是全省要实现"干好一三五、实现四翻番"的目标,需辞旧迎新,加大产业转型升级、节能减排力度,进一步提高资源产出率,继续改变目前粗放式经济增长方式,减少对资源的依赖和对环境的影响。

二、GDP 增长目标分析

浙江省"十二五"前三年和 2014 年上半年,已由高速向中高速换挡。未来几年,是浙江强化创新驱动、完成新旧发展动力转换的关键期,是优化经济结构、全面提升产业竞争力的关键期,更是协同推进"两富"、"两美"建设,增强人民群众获得感的关键期。2020 年浙江的总体目标是高水平全面建成小康社会,主要的基础性发展目标是确保实现"四翻番"目标。即到 2020 年,全省生产总值、人均生产总值、城乡居民收入均比 2010 年翻一番。按照底线目标需求保障,结合浙江经济潜在增长能力和现实运行情况,2014 年 GDP 增长7.5%,2015 年增速高、中、低方案分别为 8%、7%、6.5%,2016—2020 年 GDP年均增速高、中、低方案分别为 8%、7%、6%,GDP 年均增速见表 3-1,具体数据见表 3-2。

表 3-1 浙江省 GDP 年均增长率情景设定

年份	GDP 年均增长率(%)		
	高速	中速	低速
2014 年预计	7.5	7.5	7.5
2015	8.0	7.0	6.5
2016—2020	8.0	7.0	6.0

表 3-2　浙江省 GDP 情景设定

年份	GDP 指标（亿元）（不变价）		
	高速	中速	低速
2014 年预计	37959	37959	37959
2015	40996	40616	40426
2016—2020	60236	56966	54100

第二节　资源消费总量分析

一、资源产出率分析

根据前文资源产出率测算与分析，"十三五"期间浙江省资源产出率水平将继续提升，但提升幅度较"十二五"期间可能有所放缓。研究以基于 RMC 的资源产出率指标，预测今后一段时期，浙江省的资源产出水平变化。

综合考虑国家提出的"十二五"资源产出率提升目标，以及浙江省近四年的资源产出率提升现状等，对全省"十三五"的资源产出率目标进行三种情景设定，以五年增长 15% 为基准目标情景，即年均增长 2.83%；以五年增长 10% 为低目标情景，即年均增长 1.92%；以五年增长 20% 为高目标情景，即年均增长 3.71%。以 2013 年为现状年，2020 年为目标年，预测得到基准目标情景下，RMC 资源产出率增长 21%；高目标情景下，RMC 资源产出率增长 29%；低目标情景下，RMC 资源产出率增长 14%。两种口径的 RMC 资源产出率增长情景如下：

口径一：包含用作原材料的能源和萤石资源，其结果见表 3-3。

表 3-3　浙江省"十三五"期间 RMC 资源产出率增长情景（口径一）

指　　标	2010	2011	2012	2013	2020		
					低目标	基准目标	高目标
资源产出率（元/吨）	4804	5000	5317	5545	6321	6709	7153
资源产出率变化率（%）	—	4.1	6.3	4.3	14	21	29

口径二:同国家统计试点口径,不包含用作原材料的能源和萤石资源,其结果见表 3-4。

表 3-4　浙江省"十三五"期间 RMC 资源产出率增长情景(口径二)

指　标	2010	2011	2012	2013	2020		
					低目标	基准目标	高目标
资源产出率(元/吨)	4937	5147	5489	5729	6531	6932	7390
资源产出率变化率(%)	—	4.3	6.6	4.4	14	21	29

二、资源消费总量分析

在浙江省 GDP 增长目标和资源产出率目标的分析基础上,按照两种口径对浙江省的原始资源消费当量 RMC 进行预测分析,分别如下。

口径一:包含用作原材料的能源和萤石资源,其结果见表 3-5。其中,基准目标情景下,2020 年浙江省 RMC 表征的资源产出率将达到 6709 元/吨,"十三五"期间共提升 15%。

表 3-5　浙江省 RMC 资源产出率情景分析(口径一)

指标	情景	资源产出率提升目标(%)	资源产出率(元/吨)
2013	—	—	5545
2020	低目标	10	6321
	基准目标	15	6709
	高目标	20	7153

2013 年浙江省 RMC 表征的资源产出率为 5545 元/吨,RMC 总量为63686 万吨。预测 2020 年浙江省 RMC 总量介于75633—95295 万吨。通过表3-6 分析可以看出,GDP 高速增长,资源产出率低目标增长的情景下,RMC 总量最大为 95295 万吨,新增 31609 万吨。按照 2013 年主要资源占比,能源、钢铁、石灰、铜分别新增 9636 万吨、7763 万吨、5793 万吨、4483 万吨;GDP 低速增长,资源产出率高目标增长的情况下,RMC 总量最小为 75633 万吨,新增

11947 万吨。按照 2013 年主要资源占比,能源、钢铁、石灰、铜分别新增 3642 万吨、2934 万吨、2189 万吨、1694 万吨。

表 3-6 浙江省 RMC 控制水平情景分析(口径一)

指标	情景	方案	GDP(亿元) 2010 不变价	RMC 总量控制水平 (万吨)	RMC 增量控制水平 (万吨)
2013	—	—	35311	63686	—
2020	低目标	高	60236	95295	31609
		中	56966	90122	26436
		低	54100	85588	21902
	基准目标	高	60236	89784	26098
		中	56966	84910	21224
		低	54100	80638	16952
	高目标	高	60236	84211	20525
		中	56966	79639	15953
		低	54100	75633	11947

口径二:同国家统计试点口径,不包含用作原材料的能源和萤石,其结果见表 3-7。其中,基准目标情景下,2020 年浙江省 RMC 表征的资源产出率将达到 6932 元/吨,"十三五"期间共提升 15%。

表 3-7 浙江省 RMC 资源产出率情景分析(口径二)

指标	情景	资源产出率提升目标(%)	资源产出率(元/吨)
2013	—	—	5729
2020	低目标	10	6531
	基准目标	15	6932
	高目标	20	7390

2013 年浙江省 RMC 表征的资源产出率为 5729 元/吨,RMC 总量为 61639 万吨。预测 2020 年浙江省 RMC 总量介于 73207 万吨—92231 万吨。通过表 3-8 分析可以看出,GDP 高速增长,资源产出率低目标增长的情景下,

RMC 总量最大为 92231 万吨,新增 30592 万吨。按照 2013 年主要资源占比,能源、钢铁、石灰、铜分别新增 9636 万吨、7763 万吨、4483 万吨、5793 万吨;GDP 低速增长,资源产出率高目标增长的情况下,RMC 总量最小为 73207 万吨,新增 11568 万吨。按照 2013 年主要资源占比,能源、钢铁、石灰、铜分别新增 3644 万吨、2935 万吨、1695 万吨、2190 万吨。

表 3-8   浙江省 RMC 控制水平情景分析(口径二)

指标	情景	方案	GDP(亿元)2010 不变价	RMC 总量控制水平(万吨)	RMC 增量控制水平(万吨)
2013	—	—	35311	61639	—
2020	低目标	高	60236	92231	30592
		中	56966	87224	25585
		低	54100	82836	21197
	基准目标	高	60236	86896	25257
		中	56966	82178	20539
		低	54100	78044	16405
	高目标	高	60236	81510	19871
		中	56966	77085	15446
		低	54100	73207	11568

第三节　资源消费分品种分析

对主要资源的消费现状和行业发展趋势进行研判,对单种资源消费量进行预测分析,再结合宏观层面的要求,提出浙江省的资源消费总量和结构,以及为实现资源产出率提升目标制定的各资源消费的控制方案。

一、资源消费分品种趋势分析

根据前文的全省资源消费结构分析,重点对影响全省资源消费总量较大的钢铁、有色金属、能源、石灰四类资源进行趋势研判。

（一）金属资源

2013年浙江省钢铁产能2232万吨,产量1387万吨,产能利用率为62%,其中特钢产能利用率仅为50%左右,产能过剩严重。浙江省钢铁企业存在普、优钢企业规模较小、特钢企业多、产品档次较低、布局分散、同质低价竞争等亟待解决的问题。在普、优钢领域,杭钢、衢州元立、宁钢等企业转型发展面临较大压力。在特钢领域,全省现有67家特钢企业,落后技术产能占比较大,如何推进特钢企业做专"拳头产品"、做精"核心优势",是迫切需要解决的问题。当前和未来一段时期,是钢铁下游行业发展的转折期,也是浙江省钢铁行业的结构调整期。在这个调整期内,浙江省钢铁行业需在区域产能结构、设备与产品结构、盈利模式上进一步调整,加快形成技术先进、品质优良、空间集聚、资源节约、节能低碳、上下游协调发展、特色优势明显的钢铁产业发展格局。

随着电力、家电、汽车、装备制造、电子通信行业的快速增长,对有色金属的需求量会持续增长,对新材料的要求持续提高,浙江省的有色金属产品结构亟待调整。一是浙江省有色金属工业已由快速成长向低速、平稳发展阶段过渡,集中度偏低、无序竞争等问题凸显,绿色发展、金融深化对冶金工业的发展提出更高的要求和更严峻的挑战。二是浙江省有色金属企业趋于微利,2014年铜、铝价格仍在下跌。三是浙江省有色金属产品的调整空间大,有色金属企业大部分加工附加值较低的产品,精深加工水平较低,新材料等附加值水平较高产品较少。四是再生金属资源生产企业面临环境约束压力,再生金属资源产业发展需要圈区化管理,实行集聚化发展、高质化利用。

（二）非金属资源

浙江省的非金属资源消费总量将保持平稳增长。一是全省石灰石资源的开采量不可能大幅度上涨,将基本保持在平稳水平。二是石灰石是水泥工业的主要原材料,而水泥工业是典型的能源、资源消费型原材料产业,其发展是以消费大量的能源和矿产资源为代价,同时又在生产过程中排放大量的温室气体。预计水泥工业的发展将受到当前低碳发展、节能减排等约束,不会出现快速增长的趋势。三是碳酸钙行业将向高附加值的方向发展,预计消费量将保持一定比例的增长。

浙江省的非金属产业结构将不断调整,一是全省石灰石开采加工产业整体处于初级和低端水平,开采端须加强对不同石灰岩资源分类开采,淘汰落后产能和污染企业,鼓励大企业集中化规模化开采;二是面对全省水泥产能过剩的局面,下一步水泥企业重点是兼并重组、"上大压小",淘汰小的粉磨企业,提高水泥窑的规模和技术。提高磷石膏等的替代利用,减少石灰石资源利用量,提高石灰石资源产出率;三是加强绿色矿山建设,实行精细化开采;四是继续淘汰石灰和碳酸钙生产企业,鼓励"上大压小"、"扶优汰劣",以腾出的能源、环境指标在工业功能区适当发展一批规模大、技术先进的建设项目;五是加工端实行优质石灰岩资源定向高端产品开发政策,鼓励开发石灰石新材料新产品等附加值较高的高端产品,促进石灰石资源产业转型升级。

(三)能源资源

从煤炭消费总量来看,全省能源消费以煤炭为主,2010 年以来全省煤炭消费增幅总体趋缓,煤炭在一次能源消费结构中的占比逐年降低。2013 年全省一次能源消费构成中,煤炭占 56.8%,比 2012 年下降 1.5 个百分点。受经济、气候等因素影响,2013 年发电用煤下降,全省煤炭消费出现负增长。

从清洁能源利用量来看,2013 年全省清洁能源利用量(含省外调入水电)折合约 2857 万吨标煤,同比增长 7.6%,预计占全省能源消费总量的 15.1%。为积极应对大气污染防治,浙江省全面启动实施清洁能源战略,创建清洁能源示范省,加快能源结构调整步伐,加大天然气等清洁能源开发利用力度,清洁能源的发展力度将进一步加大,预计到 2023 年,清洁能源利用量达到 9720 万吨标煤,占总能耗比例达到 36%。今后,全省的清洁能源利用量将持续增加。

从产业结构来看,浙江省化学原料药、农药、染料、涂料的生产依然占据了相当大的比重。浙江石化产业未来发展面临诸多的制约因素,工业快速发展与环境容量不足、能源消费和节能指标之间的矛盾日益突出。随着环保压力的加大和要素制约矛盾的加剧,投资项目落地的难度加大,部分产业开始向外迁移;另一方面,与发达国家相比,甚至和上海等先进地区相比,浙江石化产业的总体层次还不高,产品以中低端为主,大多数企业的技术装备水平还较为落后,企业的自主创新和核心竞争力不强。目前,整个化工行业面临着产能结构性过剩矛盾突出、科技总体创新能力不足、产业集中度偏低、节能减排任务艰巨等问题的挑战。因此,石油化工行业亟须转型升级。

二、资源消费分品种预测

基于上述对各资源涉及的行业发展趋势研判,分析得到单种资源的消费量情况,两种口径的情况如下。

口径一:包含用作原材料的能源和萤石资源,其结果见表 3-9。

表 3-9 浙江省 RMC 预测(2020)(口径一)

资源(万吨)	2010 年	2011 年	2012 年	2013 年	2020 年
能源(用作燃料)	17346	18591	18463	19414	21648
铁	13824	14677	15640	15640	21752
铜	8788	8428	9033	9033	12350
铝	445	499	546	546	732
铅	1010	1108.6	1200	1308.6	2000
锌	2116	2100	1878	1773	1600
镍	1376	1243	929	1304	307
石灰	10472	11225	10837	11671	12801
硫	173	207	272	272	360
磷	64	75	83	74	60
木材	397	415	441	481	900
工业用粮	145	138	134	121	168
萤石	82	80.4	103.4	113	200
煤炭(用作原材料)	104	114.9	125	117	100
天然气(用作原材料)	0	0	0	0	0
石油(用作原材料)	1366	1533	1694	1817	2022
总计	57708	60435	61379	63686	76775

2013 年浙江省 RMC 总量为 63686 万吨,其中能源、钢铁、石灰、铜分别占 30%、25%、18% 和 14%,占 RMC 总量的 88%。到 2020 年,浙江省 RMC 总量为 76775 万吨,其中铁、能源、石灰、铜分别占 28%、28%、17% 和 16%,占 RMC 总量的 89%,见图 3-1。从 2013 年到 2020 年,主要资源呈现增长趋势,其中

木材、萤石、铅资源消费量增幅最大,增长超过 50%;钢铁、铜、能源、石灰增量最大,占资源消费量增量的 97%。

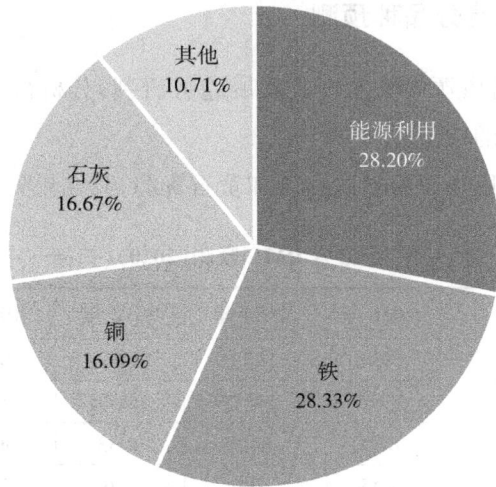

图 3-1　浙江省各资源消费情况(2020)(口径一)

注:其他资源包括锌、镍、铅、铝、木材、硫、工业用粮、萤石、磷。

2013 年浙江省 RMC 表征的资源产出率为 5545 元/吨,根据 GDP 高、中、低的三种方案,到 2020 年高、中、低三种方案 RMC 表征的资源产出率分别为 7846 元/吨、7420 元/吨和 7047 元/吨,分别比 2013 年增长 42%、34%、27%,见表 3-10 和图 3-2。

表 3-10　浙江省 RMC 资源产出率预测(2020)(口径一)

指　标	2010年	2011年	2012年	2013年	2020 年		
					高	中	低
GDP(亿元,2010 年不变价)	27722	30217	32635	35311	60236	56966	54100
资源产出率(元/吨)	4804	5000	5317	5545	7846	7420	7047
资源产出率变化率(相对于上一年)	—	4.1%	6.3%	4.3%	41.5%(比 2013 年)	33.8%(比 2013 年)	27.1%(比 2013 年)

（单位：元/吨）　　　　　　　　　　　　　　　　　　　（单位：%）

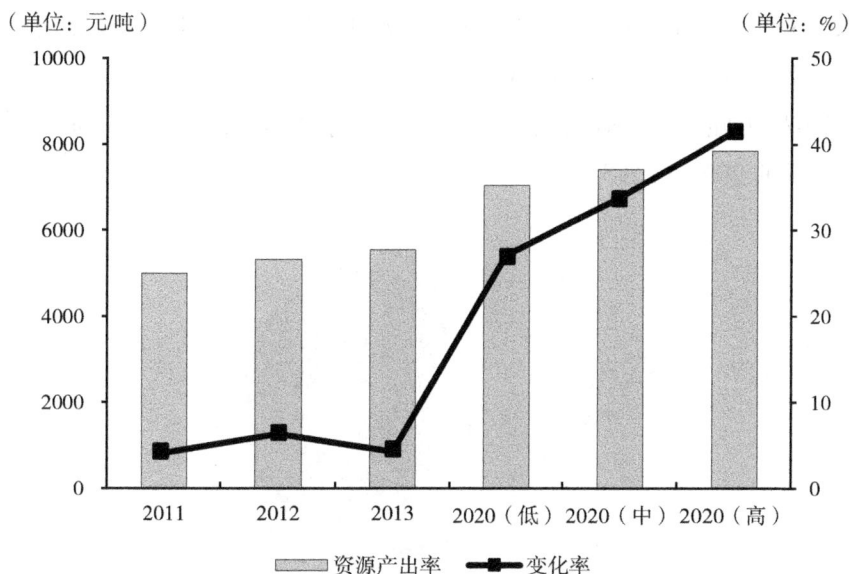

图 3-2　浙江省 RMC 资源产出率（2011—2020）（口径一）

口径二：浙江省国家统计试点口径，不包含用作原材料的能源和萤石资源，见表 3-11。

表 3-11　浙江省 RMC 预测（2020）（口径二）

资源（万吨）	2010 年	2011 年	2012 年	2013 年	2020 年
能源（用作燃料）	17346	18591	18463	19414	21648
铁	13824	14677	15640	15640	21752
铜	8788	8428	9033	9033	12350
铝	445	499	546	546	732
铅	1010	1108.6	1200	1308.6	2000
锌	2116	2100	1878	1773	1600
镍	1376	1243	929	1304	307
石灰	10472	11225	10837	11671	12801
硫	173	207	272	272	360
磷	64	75	83	74	60
木材	397	415	441	481	900
工业用粮	145	138	134	121	168
总计	56156	58707	59457	61639	74678

2013 年浙江省的 RMC 总量为 61639 万吨,其中能源、钢铁、石灰、铜分别占 31%、25%、19% 和 15%,占 RMC 总量的 90%。到 2020 年,浙江省 RMC 总量为 74678 万吨,其中钢铁、能源、石灰、铜分别占 29%、29%、17% 和 17%,占 RMC 总量的 92%,见图 3-3。

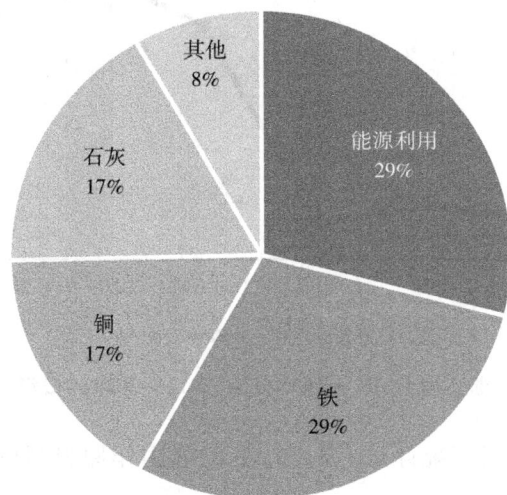

图 3-3　浙江省各资源消费情况(2020)(口径二)

注:其他资源包括锌、镍、铅、铝、木材、硫、工业用粮、萤石、磷。

2013 年浙江省 RMC 资源产出率为 5729 元/吨,根据 GDP 高、中、低的三种方案,到 2020 年高、中、低三种方案资源产出率分别为 8066 元/吨、7628 元/吨和 7244 元/吨,分别比 2013 年增长 41%、33%、27%,见表 3-12。

表 3-12　浙江省 RMC 资源产出率预测(2020)(口径二)

指　标	2010年	2011年	2012年	2013年	2020 年		
					高	中	低
GDP(亿元,2010 年不变价)	27722	30217	32635	35311	60236	56966	54100
资源产出率(元/吨)	4937	5147	5489	5729	8066	7628	7244
资源产出率变化率(相对于上一年)	—	4.3%	6.6%	4.4%	40.8%(比 2013 年)	33.2%(比 2013 年)	26.5%(比 2013 年)

（单位：元/吨）　　　　　　　　　　　　　　　　　　　　（单位：%）

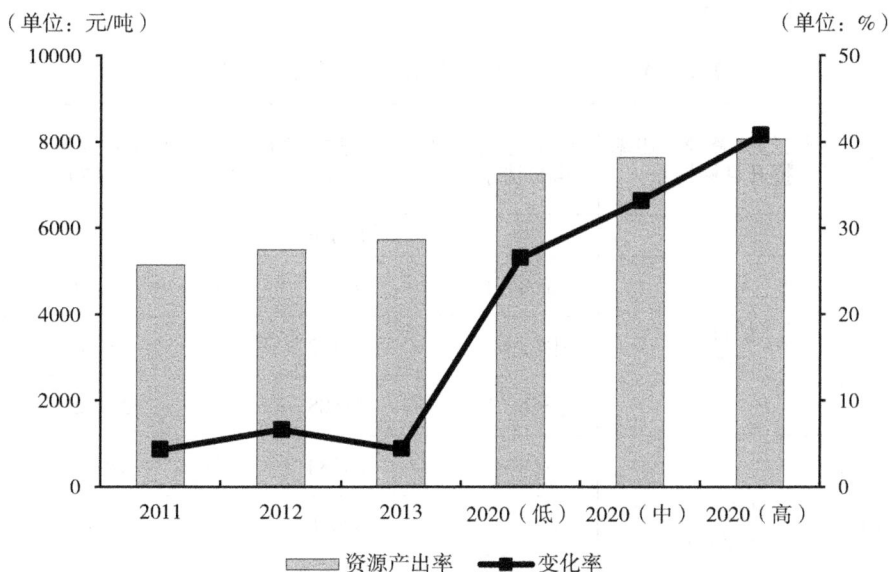

图 3-4　浙江省 **RMC** 资源产出率（**2011—2020**）（口径二）

第四节　资源产出率预测分析

一、资源产出率目标

从宏观层面和主要资源消费趋势两个层面综合分析浙江省的资源消费总量和提升目标。

口径一：包含用作原材料的能源和萤石资源。根据宏观层面和主要资源消费趋势两个层面分析，得到 GDP 中方案增长、资源产出率高目标增长的情景下，两种预测的 RMC 总量比较接近，两者相差 2864 万吨，见表 3-13。

因此，根据资源产出率增长目标情景分析和资源产出率预测分析可知，在"十三五"GDP 年均增长 7% 的情况下，浙江省资源产出率实现高目标情景可能性最大，即 2020 年在 2013 年的基础上，实现 GDP 增长 60%，达到 56966 亿元（不变价）；资源产出率从 2013 年的 5545 元/吨，增长到 7153 元/吨，增长 29%。2020 年原始资源消费当量 RMC 控制在 79639 万吨，在 2013 年的基础上新增 15953 万吨(增长 20%)。

表 3-13　浙江省 RMC 控制水平情景分析(口径一)

指标	"十三五"资源产出率提升目标情景	GDP 年均增长情景	RMC 总量控制水平(万吨)	RMC 增量控制水平(万吨)
2013	—		63686	—
2020	低目标(10%)	高(8%)	95295	31609
		中(7%)	90122	26436
		低(6%)	85588	21902
	基准目标(15%)	高(8%)	89784	26098
		中(7%)	84910	21224
		低(6%)	80638	16952
	高目标(20%)	高(8%)	84211	20525
		中(7%)	79639	15953
		低(6%)	75633	11947
2020	各资源消费研判结果	—	76775	13089

口径二:不包含用作原材料的能源和萤石资源。根据宏观层面和主要资源消费趋势两个层面分析,得到 GDP 中方案增长、资源产出率高目标增长的情景下,两种预测的 RMC 总量比较接近,两者相差 2407 万吨,见表 3-14。

因此,根据资源产出率增长目标情景设定和资源产出率预测分析可知,在"十三五"GDP 年均增长 7%的情况下,浙江省资源产出率实现高目标情景可能性最大,即 2020 年在 2013 年的基础上,实现 GDP 增长 60%,达到 56966 亿元(不变价);资源产出率从 2013 年的 5729 元/吨,增长到 7390 元/吨,增长 29%。2020 年原始资源消费当量 RMC 控制在 77085 万吨,在 2013 年的基础上新增 15446 万吨(增长 20%)。

表 3-14 浙江省 RMC 控制水平情景分析(口径二)

指标	"十三五"资源产出率 提升目标情景	GDP 年均 增长情景	RMC 总量控制水平 (万吨)	RMC 增量控制水平 (万吨)
2013	—	—	61639	—
2020	低目标 (10%)	高(8%)	92231	30592
		中(7%)	87224	25585
		低(6%)	82836	21197
	基准目标 (15%)	高(8%)	86896	25257
		中(7%)	82178	20539
		低(6%)	78044	16405
	高目标 (20%)	高(8%)	81510	19871
		中(7%)	77085	15446
		低(6%)	73207	11568
2020	各资源消费研判结果	—	74678	13039

二、资源消费控制目标

按照口径一,"十三五"期间浙江省 GDP 年均增长 7%的情况下,2020 年的资源产出率在 2013 年基础上增长 29%,RMC 增量控制在 15953 万吨以内。为实现这一目标,需采取主要资源消费控制方案,主要建议如下:

一是严格控制能源消费总量,根据国家能源"双控"目标,预计到 2020 年,浙江省能源消费总量控制在 21600 万吨标煤左右,同时加大清洁能源和可再生能源的生产消费比例,推动能源梯级利用,加大回收利用余热,提高能源利用效率。

二是淘汰落后钢铁产能,化解产能过剩,促进钢铁行业节能减排;提高产品附加值,扩大特种钢生产和精深加工规模;加强对废钢铁的综合利用,加大钢铁生产余热回收利用。到 2020 年,实现钢铁资源的 RMC 控制在 22500 万吨左右。

三是适当扩大铜等有色金属产能,加大淘汰小冶炼、小五金;延长铜资源产业链,加大附加值高的新材料生产加工;提高再生金属综合利用水平,建设城市矿产基地,促进废旧资源产业集聚发展。到 2020 年,实现铜资源的 RMC 控制在 12800 万吨左右。

四是严格控制石灰石开采规模,加大石灰石开采加工企业低、小、散整治力度,促进石灰石资源产业转型升级和节能减排;高效高质化利用石灰石资源,扩大下游纳米材料等高附加值产品开发;加强新型和节能环保建材生产,提高粉煤灰、煤渣、污泥、建筑废弃物等资源综合利用水平。到 2020 年,实现石灰石资源的 RMC 控制在 13200 万吨左右。

在此资源消费控制方案下,预计到 2020 年,浙江省废旧金属的利用水平进一步提升,其中废铜、废铝和废钢循环利用率达到 50%、40% 和 20%,利用再生铜 65 万吨、再生铝 183 万吨、再生铁 1150 万吨,相当于节能 1580 万吨标煤、节水 35700 万立方米、减少固体废弃物排放 35500 万吨、减少量 SO_2 排放量 20 万吨,节能减排效益十分显著。

第四章 资源产出率提升路径

本书在各类资源物质流分析的基础上,将资源产出率进行指数分解,从而得到提升资源产出率的基本分析框架。以 RMC 为例具体说明如下:

$$\frac{GDP}{RMC} = \frac{1}{\dfrac{RMC}{GDP}}$$

$$= \cfrac{1}{\displaystyle\sum_{j=1}^{m} \frac{RMC_j^1}{(RMC_j^1 + RMC_j^2)} \sum_{i=1}^{n} \frac{(RMC_j^1 + RMC_j^2)_i}{Y_i} \times \frac{Y_i}{GDP}}$$

$$= \cfrac{1}{\displaystyle\sum_{j=1}^{m} \sum_{i=1}^{n} RR_j \times T_{ij} \times S_i} \tag{1}$$

式中:j 为资源种类编号,m 为资源种类的数量;i 为经济部门的编号,n 为经济部门的数量;RMC_j^1 和 RMC_j^2 分别为通过原矿和通过再生资源得到的二次资源所折算的第 j 类原始资源消费当量,则 RR_j 可表征第 j 类资源的循环率($RR_j = RMC_j^1 / (RMC_j^1 + RMC_j^2)$),与本研究所确定的各类资源循环率指标稍有区别);$(RMC_j^1 + RMC_j^2)_i$ 为第 i 个经济部门所消耗的第 j 类的原始资源消费当量,Y_i 为第 i 个经济部门的增加值,则 T_{ij} 为第 i 个经济部门单位增加值所消耗的第 j 类资源的原始资源消费当量($T_i = (RMC_1 + RMC_2)_i / Y_i$),表征技术水平;$S_i$ 为第 i 个经济部门的增加值占 GDP 的份额($S_i = Y_i / GDP$),表征产业结构。

因此,以上对资源产出率的指数分解从循环率、技术水平和产业结构的角度构建了资源产出率影响因素的基本框架,同时也囊括了各类资源的消费量分类控制的因素,提供了提高资源产出率的具体抓手。从工作的操作层面,本研究对该框架进行进一步实践拓展和延伸,提出适合浙江省情的五大路径,即布局优化、结构调整、方式转变、技术创新和要素改革,以提高资源产出率,逐步实现经济发展和资源的解耦,降低对资源的依赖,推动经济系统的健康绿色发展。浙江省的资源产出率提升路径的分析框架见图4-1。

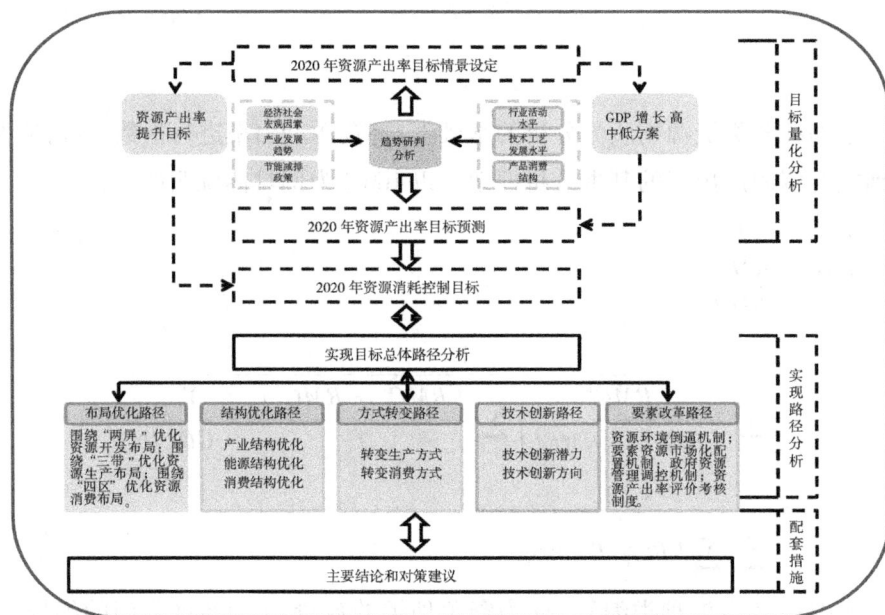

图 4-1　浙江省资源产出率提升路径基本分析框架

第一节　布局优化路径

统筹考虑浙江省的资源储量与分布、生产消费格局、综合交通条件、资源流动性等因素,按照浙江省主体功能区规划提出的 2020 年将基本形成"三带四区两屏"的全省国土空间开发总体格局,见图4-2,优化浙江省的资源开发、生产和消费布局。

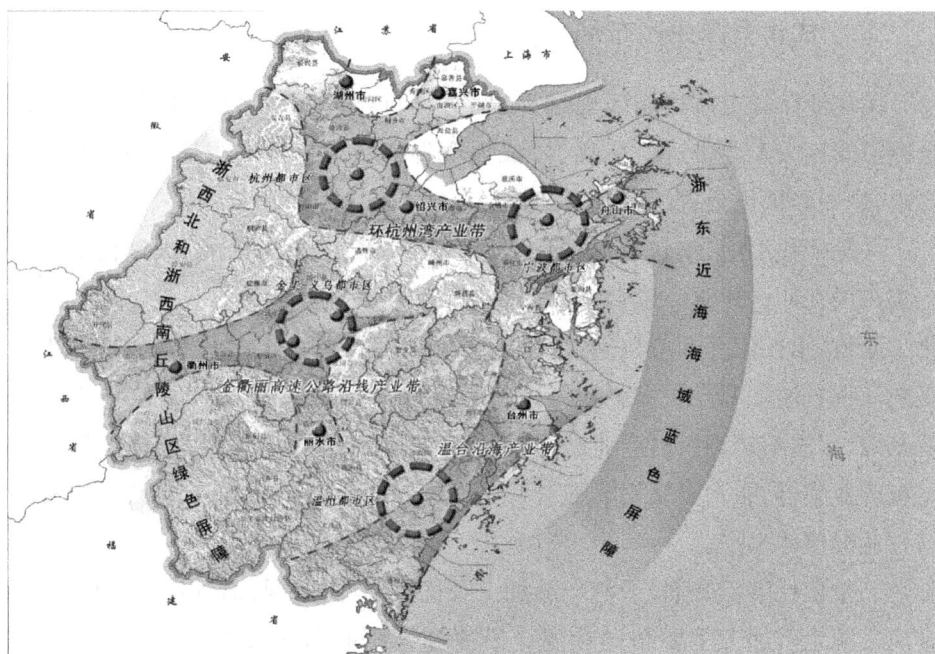

图4-2　浙江省主体功能区规划

一、优化资源开发布局

　　围绕浙江省主体功能区规划提出的"浙西北、浙西南丘陵山区'绿色屏障'、浙东近海海域'蓝色屏障'和重点生态功能区建设成效明显,生态安全得到有效保障"等的总体要求,进一步优化全省的资源开发格局。从目前全省的矿产资源储量、分布及开采状况来看,矿产资源主要分布在浙西北和浙西南一带,即主体功能区规划中的"绿色屏障",要按照"禁采区关停,限采区收缩,开采区集聚"的要求,进一步统筹省、市、县三级矿产资源的开发布局,合理调整浙江省矿业布局。同时调整矿山结构,通过提高进入门槛,减少新设矿山数量等行政手段和企业的市场化运作,实现浙江省矿业结构趋向大型化,基本形成一批大型石灰岩、金属、萤石等矿产开发基地,破解当前部分地区因矿产资源开发不当带来严重的生态环境破坏问题,从而将浙江省的矿产资源开发与主体功能区、城乡建设的要求结合起来,实现资源有效供应、生态友好融合。

二、优化资源生产布局

围绕浙江省主体功能区规划提出的"环杭州湾、温台沿海和金衢丽高速公路沿线三大产业带进一步提升,成为全省新型工业化的主体区域"的总体要求,进一步优化全省的资源生产布局。

一是依托沿海、港口等区位优势,将石化、钢铁、电力等能源、重化工产业主要布局在环杭州湾和温台沿海产业带。其中石化产业重点打造宁波炼油和化工原料、绍兴化纤和染料、嘉兴化工新材料等几大石化产业基地,进一步提高浙江省石油资源产业发展的集聚水平;钢铁产业主要推进宁波临港钢铁产业基地、宁波不锈钢板材产业基地、湖州不锈钢长材产业集群、嘉兴不锈钢中宽板产业集群、丽水不锈钢无缝管及工模具钢产业集群等,进一步优化提升钢铁行业的整体水平。

二是依托港口交通、下游产品加工等优势条件,将铜、铝、铅、锌、镍等有色金属资源生产加工主要布局在温台沿海和金衢丽高速公路沿线产业带。其中,铜、铅等资源加工生产主要打造台州路桥金属资源再生产业基地、宁波铜资源加工利用基地、永康废旧金属资源回收利用基地、桐庐大地废铜回收利用基地、富阳铜冶炼加工基地、诸暨铜加工生产基地等,以园区和基地为平台,通过铜资源产业链构建,形成有色金属资源产业规模化、集群化发展。

三是依托资源禀赋、交通运输等条件,将石灰石、木材、硫、磷等资源生产加工产业主要布局在杭州湾和金衢丽高速公路沿线产业带。其中石灰石资源主要打造长兴、建德、富阳、常山、衢江等产业基地,满足本省及周边地区水泥、钙粉、石灰等需求;木材资源主要打造湖州、嘉兴、台州等木材加工产业基地,实现产业整体提升。

专栏 1　衢州市资源生产布局优化路径

衢州市位于浙江西部,是"全国生态保护纲要"所确定的九个全国生态良好地区之一,既是浙江"母亲河"钱塘江的源头区,也是全省"蓝绿"两大生态屏障中绿色屏障的重要组成部分。但同时衢州市还是国家化学工业基地,目前的产业特征仍然偏重化工业,万元 GDP 综合能耗和万元工业增加值能耗处全省最高水平。课题研究的钢铁、石灰、萤石、硫等重要资源保障了当地以氟硅为重点的新材料产业,以建材、金属冶炼及压延加工、高档特种纸、竹木制品等为重点的传统优势产业发展。

然而,从全省优化布局的角度,衢州的资源禀赋、生态环境、综合交通等条件,并不适宜发展钢铁、化工等产业,应逐步向杭州湾产业带转移;而衢州市的萤石资源和石灰石资源相对比较丰富,以萤石资源为依托的氟硅特色工业,应做好产业集群升级,大力发展新材料等战略性新兴产业,走高端化发展道路;以石灰石资源为依托的建材行业,则应更加注重生态环境保护要求,空间上按照"产业集聚、用地集聚、设施共享"的布局要求,整合目前低、小、散的石灰、碳酸钙加工等行业,整体提升产业发展水平。与此同时,培育和发展一批与当地生态环境条件相适宜的产业,努力探索出一条既能促进生产发展、又能确保生态环境安全的跨越发展道路。

三、优化资源消费布局

围绕浙江省主体功能区规划提出的"杭州、宁波、温州、金华—义乌都市区基本形成,推进新型城市化加快发展"的总体要求,进一步优化全省的资源消费格局。城市化是一个人口流动的过程,人口流动至少带动五个相互关联的资源流量:消费流、劳力流、资金流、物流和信息流。其中消费流、物流就关系到资源消费格局。而实现城市群的发展必须建立城市之间的交通、信息、资源共享等快速便捷网络,从而形成分工合理、资源优化配置和效率较高的经济圈,并以此为基础,形成多层次的社会生活体系。因此,浙江省在新型城市化进程中,要积极推进城镇规模结构合理化、城镇布局集群化和城镇空间土地利用集约化,促进大中小城市和小城镇协调发展。加快形成四大都市区的建设,提高人口和经济集聚度。发挥小城市和中心镇的集聚作用,促进资源节约集约利用。

综上,通过优化资源开发布局,可以破除当前部分地区因矿产资源开发不当引起的严重生态环境破坏问题,从而将浙江省的矿产资源开发与主体功能区、城乡建设的要求结合起来,实现资源有效供应、生态友好融合。通过优化资源生产布局,可以提高资源产业集聚化、循环化发展水平,有利于废弃物的循环利用和无害化集中处理,减少资源生产过程中的污染物排放。通过优化资源消费布局,可以优化资源配送网络和运输半径,减少大宗资源运输过程中的能源消费和尾气排放,有助于大气污染防治和雾霾的治理。

第二节　结构调整路径

从目前资源能源的消费,以及各资源的物质流向、流量、结构等分析来看,结构调整对资源产出率的提升效果非常明显。本书从产业结构、能源结构和消费结构三大视角,提出浙江省提高资源产出率的结构调整路径。

一、产业结构调整路径

(一) 三次产业结构调整

从浙江省三次产业结构来看,2013 年三次产业结构比重为 4.8：49.1：46.1,2005—2013 年第二产业比重略微下降,但基本维持在 50%以上,第三产业比重由 2005 年的 40.73%上升到 2013 年的 46.1%。总体来看,三次产业格局未发生根本性变化。具体见图 4-3。

(单位：%)

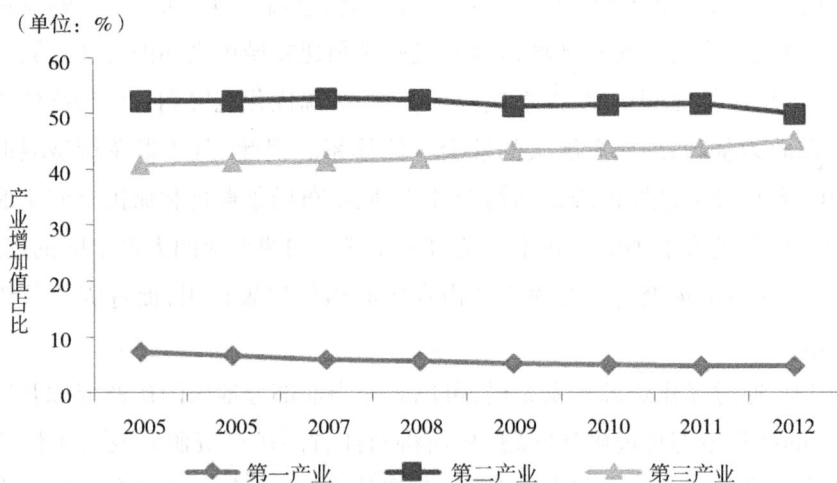

图 4-3　浙江省三次产业结构变化(2005—2012)

　　单从产业能耗分析,2013 年全省第一产业万元增加值能耗 0.28 吨标准煤;第二产业万元增加值能耗 0.73 吨标准煤,其中工业万元增加值能耗 0.79 吨标准煤;第三产业万元增加值能耗 0.20 吨标准煤,只占第二产业万元增加值能耗的 27%。2005—2013 年浙江省的三次产业能耗占比呈现"二三一"的格局。但第二产业用能占比 70% 以上,远高于其创造的 50% 的产值比重,第三产业用能占比 8.7%—10.9%,远低于其创造的 40.7%—46.1% 的产值比重,见图 4-4。因此调整优化产业结构,提高三产比重至关重要。

（单位：%）

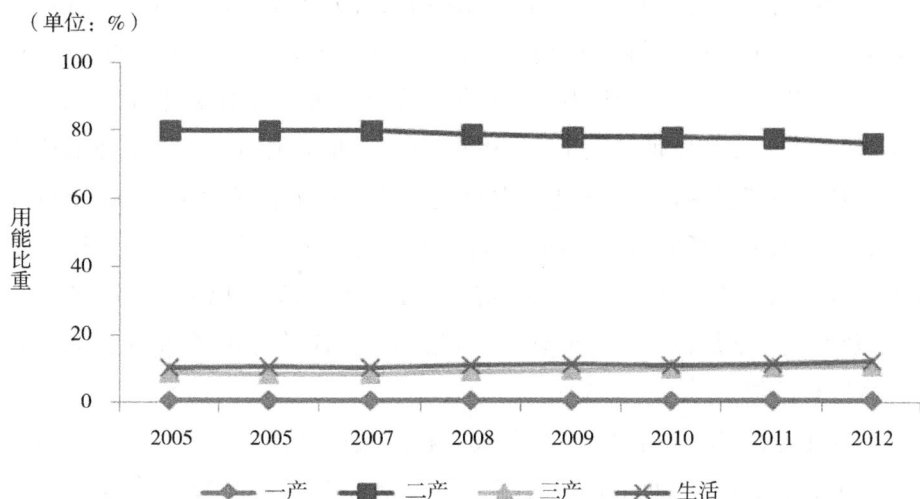

图 4-4　浙江省用能结构变化（2005—2012）

　　从主要资源消费的结构来看,报告研究的 17 种资源中,除能源资源、水资源和土地资源在一、二、三产均有涉及外,其他资源绝大部分消费在第二产业。初步估算,第二产业虽创造了 50% 的产值,却消费了 92% 左右的资源(不含水资源、土地资源)。第一产业消费了 1% 左右的资源,第三产业消费了 4% 左右的资源,生活消费 3% 左右的资源(二、三产业、生活主要是能耗)。

　　第一产业单位增加值资源消费约 0.4 万吨/万元,第二产业增加值资源消费约 3.5 万吨/万元,第三产业增加值资源消费约 0.16 万吨/万元。课题初步预测,若三次产业结构调整,假设未来浙江省第一产业比重基本维持现状 5% 左右;第三产业比重 2020 年提高到 50%;第二产业比重继续下降,到 2020 年下降到 45%。则 2020 年可腾出 7500 万吨资源消费量,约占全省 2013 年资源消费量的 12%。因此,要加快现代服务业的发展,形成产业结构中服务业增加值占生产总值的比重持续提升的态势。

同时,产业结构的优化可以带来污染物排放强度的减少,2020 年可腾出 14300 万吨废水、2100 亿标立方米废气、5.1 万吨二氧化硫、5.0 万吨氮氧化物、2.6 万吨烟尘的环境容量,并继续达到工业固体废弃物零排放的要求。

(二)工业内部结构调整

从工业内部结构来看,由部分资源的物质流分析所得,研究的 17 种资源主要消费在非金属矿物制品业,电力(热电)行业,金属冶炼和压延加工业,石化行业,化工行业,通用、专用及交通运输设备制造业。相对来讲,非金属矿物制品业、金属冶炼和压延加工业、石化等行业,工业增加值占规上工业的比重要低于其资源消费的比重(从浙江省重点行业的用能监测来看,这几个行业又是浙江省的重点耗能行业);而通用、专用及交通运输设备制造业等工业增加值占规上工业的比重要高于其资源消费的比重(从规模以上工业企业总产值,以及产值和增加值比重可推算)。因此,工业内部结构的调整对提高资源产出率同样重要。

同时工业内部结构的调整,将可较大程度缓解浙江省经济发展的环境压力。目前,纺织和造纸两个行业占据了全省废水排放量的 57%,化学需氧量排放的 53% 和氨氮排放量的 50%,而其占全省工业总产值的比重仅为 13%;非金属矿物制品业占据了全省粉尘排放量的 86%,废气排放量的 23%,而其占全省工业总产值的比重仅为 2.8%,环境容量产出率很低。在工业内部结构调整路径下,通过淘汰产能和改进工艺,削减这些前道加工重污染部门排放量的 30%,则 2020 年可腾出 3200 万吨废水、31000 万吨化学需氧量、1800 万吨氨氮、1400 亿标立方米废气、3.2 万吨粉尘的环境容量。

(三)产业发展方向

在经济发展新常态的大背景下,经济增长更多依靠产业从低端迈向中高端,来自于产业价值链的提升,即"上台阶"。结合全省主要资源产出率核算,以及物质流分析方法,产业发展方向应尽量控制物质流分析中的前道加工,如非金属矿物制品业、金属冶炼和压延加工业等,实施钢铁产业、石化、建材产业等转型升级,改造传统高耗能产业。应向物质流分析中的后道加工延伸,如通用、专用及交通运输设备制造业,通信设备、计算机及其他电子设备制造业等行业。有色金属后道加工,进一步延长产业链,提升价值链,对浙江省资源产出率的提升贡献较大。

因此,工业内部结构调整,要结合浙江省的产业发展导向,大力发展装备制造业,新材料、新能源、新能源汽车、节能环保、海洋新兴产业等战略性新兴产业,实现高新技术产业与装备制造业增加值占工业增加值比重持续提升。同时按照"微笑曲线"、总部经济的发展方向,加大研发、营销等力度,提高自主创新能力,提升产品的附加值。产业转型升级方向见图4-5。

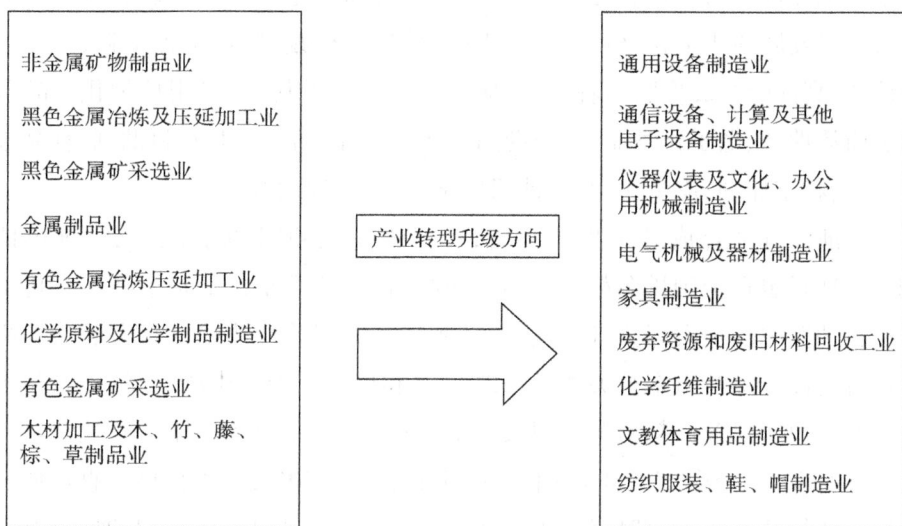

图 4-5 浙江省产业转型升级方向

以石油为例,研究石化行业转型升级路径:

浙江省石油化工行业自 2011 年下半年以来进入下行通道,市场压力沉重。这一态势,集中凸显了浙江省石油化工行业的结构性问题。从全国范围看,近年来因产能过剩而效益下降幅度较大的行业主要有原油加工、PTA、通用合成材料等,而这些行业恰恰在浙江省石油和化学工业中占据了很大的比例。从浙江省石油资源产出率的分析结果来看,不同部门之间,资源产出率差异很大。高端的化工新材料和专用精细化学品部门资源消费少,而增加值很高,其资源产出率可以达到传统合成纤维行业的 10—100 倍。而目前产出率偏低的合成纤维生产部门却占据了浙江省化工原料消费的绝大部分。优化产业结构,将更多石油资源配置到高产出率的领域是提高浙江省石油资源产出率的关键所在。

石油化工产业结构调整,一是要继续发挥好对全省经济发展的关联带动作用;二是要向高端化产品发展,主动适应战略性新兴产业发展的需求;三是要坚持与生态环境协调发展。产业结构调整的重点领域如下:

1. 化工新材料和专用精细化学品属于高端化工产品,具有技术含量高、附加值高、性能独特、专用性强、对相关行业带动面大等特点,其发展水平可代表一个国家和地区的综合实力,也标志着当今石油和化学工业的发展方向。浙江省重点发展的化工新材料包括有机硅材料、有机氟材料、工程塑料、热塑性弹性体、高性能合成橡胶、高性能合成纤维及复合材料等;专用精细化学品包括表面活性剂、电子化学品、纺织助剂、造纸化学品、胶黏剂、塑料助剂、食品添加剂、饲料添加剂、皮革化学品、油田化学品、水处理剂等。

2. 浙江省是合成纤维生产大省,产量占全国 40% 以上,合成纤维单体 PTA 的产量也在全国排名第一。不仅如此,合成纤维制造消费了浙江省化工用途石油资源的绝大部分,该行业及其所带动的相关行业的优化发展对提高浙江省石油资源产出率至关重要。以 PTA 和聚酯纤维为中心,浙江省已初步构建对二甲苯(PX)-精对苯二甲酸(PTA)-聚酯纤维-纺织-服装产业链。目前,我国 PTA 的产能已严重过剩,装置开工率不足 70%,PTA 价格一直在低位徘徊。要提高浙江省 PTA 产业的竞争力,必须依靠上下游协同发展,向上适度扩大 PX 产能,以提高原料自给率,降低原料成本,向下发展精深加工,延伸产业链,进一步发挥关联带动作用。

3. 在通用合成材料单体及聚合物、一般精细化学品生产领域,原则上不再新建产能。加快淘汰落后装置及产能产品,腾出能耗、环境、土地等资源要素容量,支持先进装置及产能产品建设发展,推进石化工业整体产业结构调整,提高发展层次和水平。

以木材资源为例,采用大数据方法对提升路径敏感性进行定量分析。

敏感性分析是指从定量分析的角度研究有关因素发生某种变化对某一个

或某一组关键指标影响程度的一种不确定分析技术。其实质是通过逐一改变相关变量数值的方法来解释关键指标受这些因素变动影响大小的规律。本书以木材资源为例,研究原木每增加 1 万吨,木材资源产出率的变化程度,以及刨花板、纤维板、胶合板、细木工板、木质地板分别每增加 1 万吨或1%,木材资源产出率的变化程度。

按照研究采用的折算系数,计算得到利用原木 1 万吨,分别生产刨花板1.25 万吨、纤维板 0.9 万吨、胶合板 0.5 万吨、木质地板 0.29 万吨。从这个角度来看,单位木质地板消耗木材最多,胶合板、纤维板其次,刨花板消耗木材最少。

假设现增加 1 万吨原木,其中 65%用来生产锯材,35%用来生产单板;锯材中的 45%用来生产纤维板,45%用来生产细木工板,10%用来生产刨花板;单板中的 80%用来生产胶合板,20%用来生产细木工板;纤维板、刨花板、胶合板、细木工板的 40%用来生产木质地板,40%用来生产木质家具,20%用来生产建筑木料、木窗楼梯。按照折算系数,计算得到锯材 0.62 万吨,单板 0.17万吨,其中 0.62 万吨锯材生产出 0.26 万吨纤维板、0.17 万吨细木工板、0.08万吨刨花板;0.17 万吨单板生产出 0.082 万吨胶合板、0.021 万吨细木工板;0.613 万吨的纤维板、刨花板、胶合板、细木工板生产出 0.24 万吨木质地板、0.21 万吨木质家具、0.1 万吨建筑木料和木窗楼梯。增加 1 万吨原木资源投入产出率变为 2449 元/吨,减少了 3.3%。

另外,结合折算系数和税务数据计算,得到刨花板、纤维板、胶合板、细木工板、木质地板每增加 1 万吨或每增加1%,木材资源产出率均发生变化。假设现刨花板增加 1 万吨,刨花板制造业销售额增加 2120 万元,上游锯材加工销售需要增加 0.9 万吨,使得锯材加工业销售额增加 3058.2 万元,木材采运业销售需要增加 0.9 万吨,使得木材采运业销售额增加 1447.2 万元,营业成本按照所增加销售额的 80%计提,中间投入按营业成本的 68.4%计提,计算得到增加值为 1393353 万元,木材资源使用量为 549.8 万吨,资源产出率为2534.3 元/吨,增加了 0.2%。刨花板增加 1 吨即增加了 3%,使得木材资源产出率增加了 0.2%,按照比例进行换算,刨花板增加 1%,木材资源产出率增加0.067%。表 4-1 和表 4-2 为刨花板、纤维板、胶合板、细木工板、木质地板每增加 1 万吨或每增加 1%，木材资源产出率和木材资源产出率变化的结果。

表 4-1　木材资源产出率敏感性分析（各资源使用量增加 1 万吨）

类　别	木材资源产出率（元/吨）	木材资源产出率变化（%）
刨花板	2534.3	+0.2
纤维板	2533.78	+0.18
胶合板	2533.9	+0.19
细木工板	2531.44	+0.089
木质地板	2527.97	−0.048

表 4-2　木材资源产出率敏感性分析（各资源使用量增加 1%）

类　别	木材资源产出率（元/吨）	木材资源产出率变化（%）
刨花板	2530.9	+0.067
纤维板	2530.4	+0.047
胶合板	2530.1	+0.034
细木工板	2530.0	+0.033
木质地板	2527.8	−0.055

由此看出，原木的增加和木质地板使用量的增加会导致资源产出率的下降，刨花板、纤维板、胶合板、细木工板的增加会导致资源产出率不同水平的增加。原因在于，原木附加值少，木质地板的耗材数量大，导致增加值的增加水平小于资源使用量的增加水平，而刨花板、纤维板、胶合板、细木工板的均价、折算系数均不同，导致每增加 1 单位，资源产出率的增加幅度不一。

根据该计算结果看出，影响资源产出率的主要因素有三个：（1）产品涉及的产业链，产业链越长，整个产业链的销售额增加越多；（2）对资源的消耗比率，从折算系数可以看出，木质地板对木资源的消耗最多，使得增加 1 吨木质地板会增加比其他产品多的木资源，木地板虽然作为终端产品，能使产业链上的更多行业具有增加值，但是由于木资源的消耗更多，使得成本上升，反而使资源产出率下降；（3）产品的单价，在一定程度上，产品的单价代表了资源的成本和附加值。相对来说，附加值越高，行业增加值越高，资源产出率越高。因此，最终得到的资源产出率是产品对原材料消耗水平、附加值水平和产业链长短的一个综合计算结果。

这对于提升资源产出率、对产品生产企业合理布局具有一定启发。相对来说,附加值高、对资源消耗程度低、处于产业链下游的产品生产企业能使资源产出率更高。

（四）全面完善循环型产业体系

一是推进生态循环农业发展,全面完成现代生态循环农业"一控两减三基本"目标任务和农业面源污染防治任务,农业领域循环经济成效明显。大力推进秸秆综合利用,大力推进农作物秸秆资源化、产业化利用。巩固提升畜禽养殖污染治理成效,完成养猪场粪污处理设施改造提升,加快推进存栏1000头以上养猪场的生态化改造工作。积极推进畜禽粪污资源化高水平利用工作,持续推进肥药减量增效。

二是形成循环型工业体系,贯彻落实《中国制造2025浙江行动纲要》,积极推行绿色制造,建设国家绿色工厂、国家绿色设计产品、国家绿色园区、国家绿色供应链管理示范企业。加大落后和严重过剩产能淘汰力度,淘汰和整治"低小散""脏乱差"企业(作坊),淘汰落后产能涉及企业,提高化纤、化工、造纸、有色金属加工、橡胶塑料制品、服装、纺织等行业产能利用率。全面推行清洁生产和工业节水,继续推进园区清洁生产审核示范试点工作,开展省级节水型企业创建工作。

三是壮大节能环保产业规模实力,持续优化升级节能环保产业结构,加快发展新能源汽车、城市轨道车辆、太阳能电池领域。扩大拳头产品市场影响,提升高效节能照明产品、海水淡化、环保产品生产、环保服务业水平。技术水平支撑高端制造,加快提升环境监测、大型电除尘、垃圾焚烧、工业废渣综合利用等技术装备水平达到国际先进,推动高效节能照明、脱硫除尘、海水淡化等技术装备保持国内领先水平。

四是全面发展循环型服务业,把循环经济与节能减排作为推进现代交通转型升级和发展生态旅游的重要抓手,以专项行动和试点示范为载体,加强统筹规划推进,循环型服务业发展成效显著,交通运输、流通方式、旅游模式向绿色化、循环化、低碳化转型。发展综合交通,更替能源、倡导节能高效,集约节约利用土地和港口岸线资源,打造绿色智能交通。大力发展循环型物流,积极发展集约高效组织模式,大力推进多式联运模式,探索新型集约化运输组织模式。持续加强旅游企业节能减排与清洁生产工作,大力开展生态旅游建设,积极推进绿色旅游饭店创建与提升工作。

二、能源结构调整路径

按照物质流方法测算,2013 年浙江省原始资源消费当量 RMC 总量为63686 万吨(口径一),其中用作燃料的能源资源消费占 RMC 总量的 30%。中方案预测到 2020 年,浙江省原始资源消费当量 RMC 总量为 76775 万吨,其中用作燃料的能源资源消费占 RMC 总量仍然为 28%。可见,能源消费占到浙江省的资源消费总量的四分之一。

(一)能源结构调整任务

2013 年全省能源消费总量为 1.88 亿吨标煤,同比增长 4.1%。在节能减排深入推进和经济增速换挡下行的双重影响下,全省"十二五"期间能源消费增速明显放缓,前四年能源消费年均增长 3.3%,比"十一五"平均增速相比下降 3.7 个百分点。2013 年全省一次能源消费结构中,煤炭、石油及制品、天然气、水核风电及其他能源品种分别占比 56.8%、22.2%、3.6%、17.4%,与 2011年相比,煤炭下降 4.5 个百分点,石油及制品基本不变,天然气上升 1.2 个百分点,水核风电及其他能源品种上升 3.2 个百分点,见图 4-6。然而,受制于浙江省现有产业特点以及煤炭与清洁能源之间较悬殊的价格差等因素影响,煤炭、石油等化石能源占比仍然很大,天然气占比低于全国和长三角平均水平。因此,从降低全省的资源消费量,提高资源产出率角度,能源结构优化的任务同样艰巨。

(二)能源结构调整方向

浙江省正争创全国的清洁能源示范省建设,从提高资源产出率角度,要加快发展风能、太阳能、海洋能及抽水蓄能等可再生能源,加快发展核电、新能源汽车等,加快推进煤炭清洁化利用,合理引进外来电力,努力扩大天然气供应,构建清洁安全的现代能源供给体系。重点是加快推进一次能源结构、电力装机结构清洁化、低碳化。采取限煤禁煤、煤改气、节煤管理等措施,推进煤炭的清洁高效利用;加强上游气源开拓力度,积极拓展进口 LNG 资源渠道。建立

（单位：%）

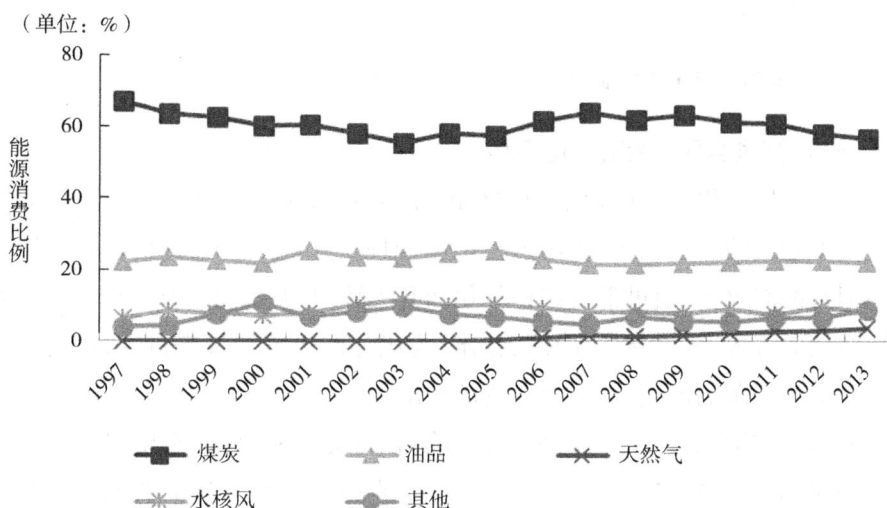

图4-6 浙江省一次能源消费结构（1997—2013）

低碳城市交通体系,积极推广混合动力、天然气动力等新能源汽车。加快推动光伏应用,以嘉兴市光伏产业"五位一体"综合试点为契机,在全省推开实施光伏与建筑一体化项目。不断优化电力结构,提高电气化水平,高效发展安全的核能,加快沿海风电开发,进一步优化能源结构。

（三）能源结构调整效益

2015年浙江省煤炭用量1.53亿吨,达到历史峰值,初步预测2020年煤炭用量为1.43亿吨;2015年全省石油及制品用量2985万吨,2020年为3167万吨;2015年全省天然气用量85亿立方米,2020年为200亿立方米。初步测算,中方案2020年全省能源消费量24324万吨标准煤。若化石能源占一次能源的占比降低8个百分点,即从2013年的82.6%降低到74.6%,则能源资源消费量可腾出2200万吨的空间,占2013年能源利用资源消费量19414万吨的11.3%(注:本地区化石能源消费当量,由本地区标煤能耗折算,折算比例为1.1274)。

能源行业是浙江省SO_2的主要排放行业。2010年电力、热力的生产和供应排放的SO_2占全省SO_2排放量的59%。在能源结构调整路径下,通过化石能源比重的降低和化石能源本身清洁度的提高,预计可削减5.8万吨,约占

2013 年 SO_2 排放量的 10%。

三、消费结构调整路径

(一) 促进居民消费结构合理化

消费结构变化决定产业结构调整的方向,也决定经济增长的空间。和居民对基本物质的消费相比,居民消费结构合理化体现在对服务性消费和绿色产品消费的需求上,通过消费结构优化和升级转型,调整缩短某些产品的技术生命周期的方式,催生新产品和新技术,为优化产业结构带来机遇,从需求端减少对能源资源的消费,从而提升资源产出率。

从消费结构来看,2013 年浙江省城镇居民交通和通讯、娱乐、教育、文化的消费比例最大占比达到 31.89%(除食品消费外),服务型消费的资源消费相对较少,对三产发展拉动作用显著,对产业结构的调整起到关键性作用。随着浙江省居民收入水平的提升,对高层次的消费需求逐渐加大,加大对信息产业、文化产业和健康产业的投入和发展,满足居民对信息消费、教育文化消费、健康消费的多样化需求促进消费结构优化。

从消费结构变化趋势来看,2005 年到 2013 年,浙江省居民总消费水平提升了 1 倍多,城镇居民消费年均增长 8.34%,其中家庭设备、用品及服务,交通和通讯、居住增长较快,这几个领域的消费涉及到能源、钢铁、铜、石灰等大宗资源的消费,绿色能源、绿色建筑、绿色交通是浙江省居民绿色消费的主战场,加大三个领域的绿色产品供应,可以有效减少浙江省高物耗高污染的产品需求,促进消费升级转型。具体见图 4-7。

(二) 不断缩小城乡结构差距

从城乡居民消费结构差距来看,在教育、文化、衣着和交通通讯几个消费领域差距较大,城镇居民消费是农村居民消费的 1.5 倍以上。从城乡居民消费结构变化来看,浙江省城乡居民消费的差异呈现波动缩小的趋势,从 2005 年的 1.6 倍缩小到 2013 年的 1.5 倍。浙江省常住人口城镇化率为 64%,以目前的城镇化和居民消费水平,城镇化比例提高 1 个百分点,居民总消费相当于提升 0.38 个百分点,对资源的消费也会有所增加。随着城镇化发展,农村居民消费需求逐渐增加,加大对资源的消费,引导城镇化过程中农村居民合理化

（单位：元）　　　　　　　　　　　　　　　　　　（单位：%）

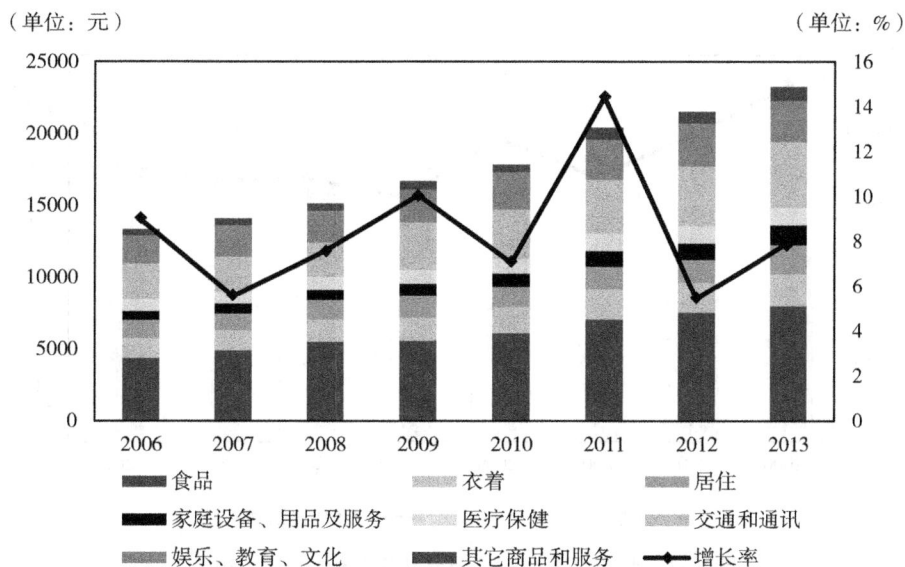

图 4-7　浙江省城镇居民消费结构（2006—2013）

消费,加强服务性消费和绿色消费,提高新型城镇化建设水平。

　　从消费结构来看,浙江省农村居民消费主要以居住、交通占比较大(除食品消费外);从消费结构变化趋势来看,浙江省农村居民对教育文化、交通、衣着、居住的消费需求较大,这些领域对能源、钢铁、铜、石油、石灰的消费较大。推动城乡一体化,缩小公共服务差距,提高基础设施建设绿色化建设水平,实现基础设施和公共服务平台共建共享,减少城镇化带来的能源和资源消费。具体见图 4-8。

第三节　方式转变路径

　　在有限的能源供应下继续保持经济平稳增长,原有的粗放型增长模式难以为继。要创新经济发展方式,大力发展循环经济,转变生产方式和消费模式,以尽可能小的资源消费和环境成本,获得尽可能大的经济和社会效益,实现经济发展和环境保护的双赢。

（单位：元）   （单位：%）

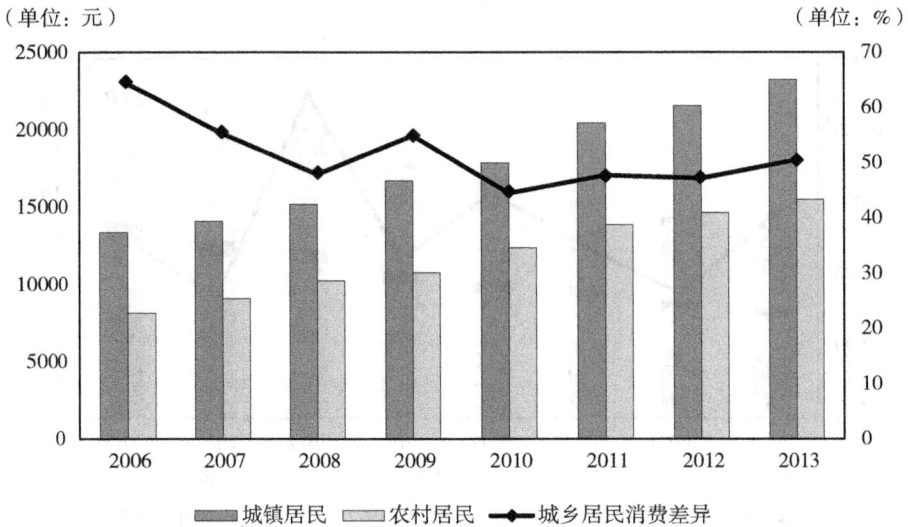

图 4-8　浙江省城乡居民消费差异变化（2005—2013）

一、转变生产方式路径

提高资源产出率,要逐步实现经济发展和资源的解耦,降低对资源的依赖。因此,转变生产方式,从循环经济发展角度,要构建循环产业体系,推进社会层面的大循环,行业层面的中循环和产业内部的小循环体系,最终以园区循环化改造为重要抓手,推进社会大循环、行业中循环和企业小循环的有效组合,实现源头的减量,生产过程的再利用和再循环,减少资源消费量和废弃物排放量,有效地提高资源产出率。

（一）社会层面的大循环体系

以物质流的分析和管理为重要手段,统筹规划,科学布局,推动一产、二产、三产之间有机组合,构建复合循环的三次产业体系。鼓励利用先进的工业技术推动工农复合产业的发展,促进工业用粮、木材等生物质资源的减量化,同时工业用粮加工利用环节的资源综合利用做有机肥料,减少磷、硫等农用化肥有机组分的用量,降低磷、硫等原生资源的消费。以服务业做支撑,加快发展现代物流业、商贸流通业,带动一二产快速发展,降低物流的燃油等消费,同时也强有力的优化产业结构、提高经济产出。

构建生产与生活互惠互利、循环共享的生态系统。推动生产系统的余能、余热等在社会生活系统中的循环利用,减少能源利用量;推动中水在社会生活系统、生态系统中的应用,提高城市生活污水在工业生产系统中的应用水平,提高再生水回用水平;推动利用海水淡化水作为企业生产和生活用水。推进钢铁、电力、水泥行业等生产过程协同资源化处理废弃物,将生活废弃物作为生产过程的原料、燃料。

建立健全再生资源回收利用体系,提高再生资源利用的产业化水平,进一步提高浙江省再生资源对原生资源的替代水平。搭建循环经济技术、市场、产品等的公共服务平台,促进循环信息的共建共享,提高浙江省循环经济发展水平。社会层面大循环体系如图4-9所示。

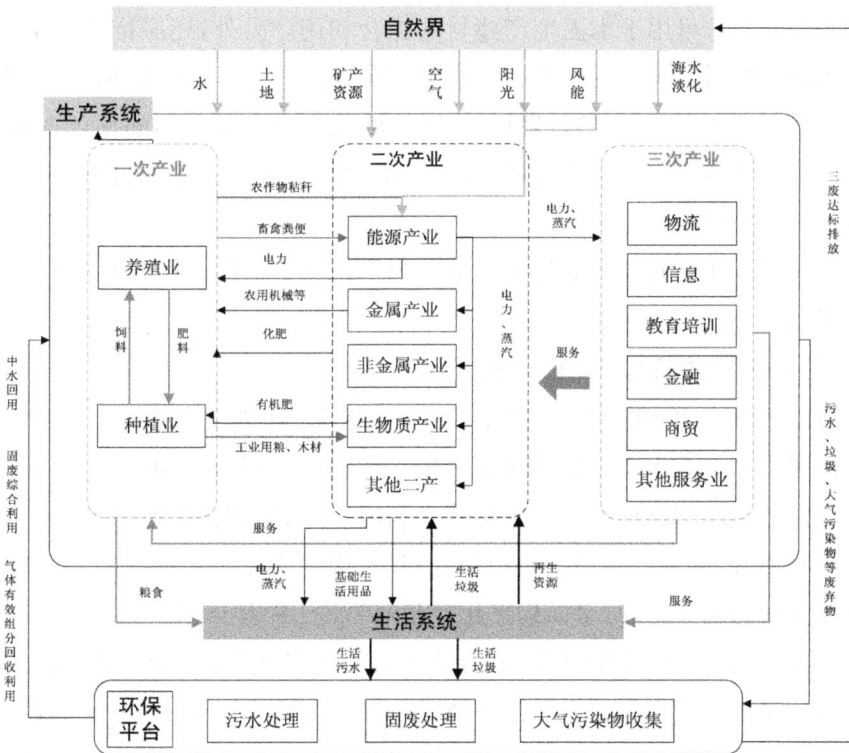

图4-9　社会层面大循环体系示意图

（二）行业间的中循环体系

从资源消费最大的第二产业入手，挖掘节能节水节材的潜力，构建电力、钢铁、有色、石化、化工、建材、建筑等工业之间的中循环体系。全面推行"源头减量、过程控制、末端再生"的循环型生产方式，构建以资源节约、环境友好、循环链接为基本特征的循环型工业体系。

鼓励热电联产替代小锅炉，为工业生产各部门提供电能和热力。鼓励建材行业与电力工业、钢铁工业加强循环，通过废物回收处理企业、相关工业企业与建材生产企业的耦合链接，综合利用粉煤灰、脱硫石膏、冶金渣等工业固体废渣、建筑废物、污泥与垃圾，生产水泥与新型墙体等新型建材，以粉煤灰对水泥替代为例，据估计，我国 2020 年火电等行业将年产生粉煤灰 5.7 亿吨，按照 2012 年浙江省占全国的发电比例 5.6%粗略估算，2020 年浙江省将产生粉煤灰 3209 万吨，可用于水泥生产建材的综合利用。另外，还应推进能量的梯级利用，构建原料、废弃物—生产—使用—废弃物—再生产的循环链条。推进石化和化工的联合布局、优化发展，建立石油化工上下游一体的循环产业链。推动建筑行业绿色发展节约发展，减少钢铁、水泥等的需求，进而降低钢铁、建材行业的原料消费。

以建材行业与其他行业的循环链接为例构建行业间的中循环体系，如图 4-10 所示。

（三）产业内部的小循环体系

应用生态工业和循环经济技术，抓住物质消费和废弃物产生的关键环节，合理构建贯穿工业生产过程的物质再生循环和能量多级利用的模式，广泛开展企业清洁生产、节能改造，开展循环水利用、中水回用，鼓励进行余热、余压的回收利用，推进副产物和废弃物综合利用，构建产业全过程的闭合循环链，实现废弃物的吃干榨净，全面构建起产业内部的小循环体系。

浙江省资源产出率中，资源消费的最大组成部分包括能源、钢铁、有色金属和非金属。其中有色金属以铜的消费为主，非金属则以石灰石的消费为主。浙江省资源产出率的提高，尤其要注重以这几大资源关联的产业内部的中循环。

以电力生产为代表的能源产业，主要是提高煤炭、天然气等原料的利用水

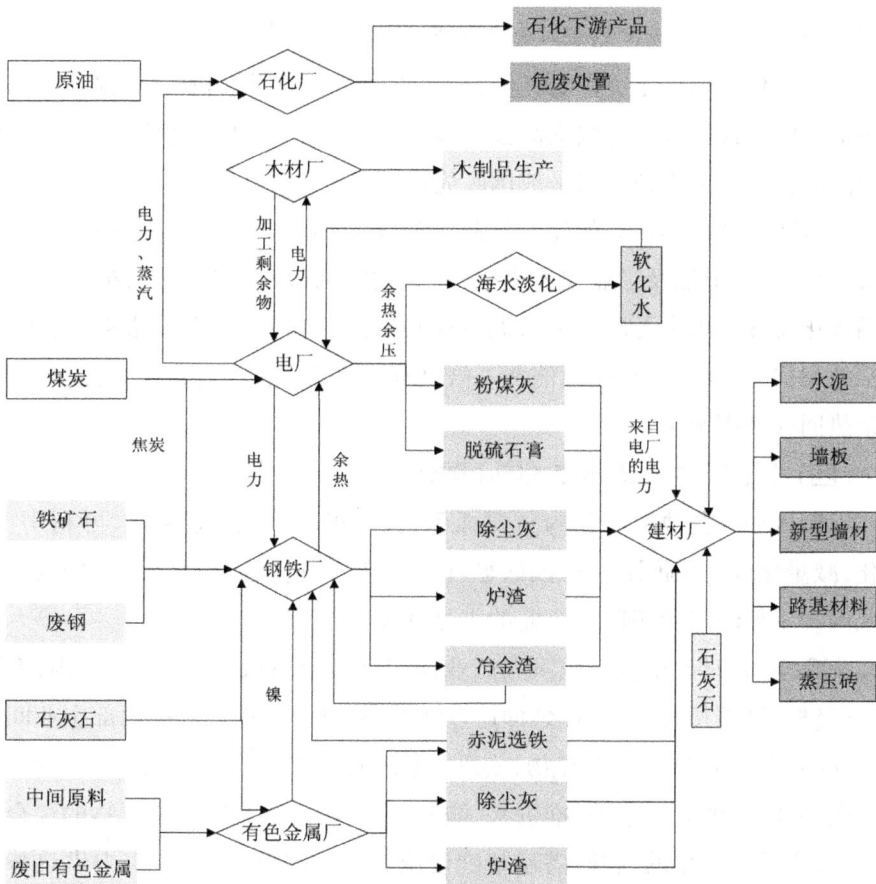

图 4-10　行业间中循环体系示意图

平,推动余热余压余气利用,大幅度提高能源利用效率。

　　钢铁产业主要是优化生产工艺流程,鼓励利用废钢铁的短流程工艺技术,充分利用废钢替代铁矿石,废钢相对于铁矿石可节能 60%、节水 40%,减少废气排放 86%、废水 76% 和废渣 97%。每利用 1 吨废钢可减少约 4.4 吨的原始铁矿石消费、节约 0.68 吨的焦炭和 0.28 吨的石灰石,且能不断循环利用。另外,推进能量的梯级利用,废渣、废气、废液的回收利用及废水的处理与中水回用,同时积极延伸产业链,提高钢铁深加工能力和技术水平,提高产品附加值,也是提高资源产出率的有效途径。

以铜为代表的有色金属产业,主要以提高废旧金属利用比例为重点,如每利用 1 吨废铜,便可减少约 190 吨铜原矿的消费量。因此,需要充分利用国内和国外的有色金属再生资源,大幅度提高再生金属的回收利用量,提高废铜对原始铜矿的替代比例。加快提高技术装备水平,加大力度节能降耗,力争使单位产品能耗达到国内领先水平或国际先进水平。

以石灰石利用为核心的建材行业,需要逐步淘汰低水平、小规模的生产企业,以生产过程节能及工业固体废渣、建筑废物回收利用为重点,推进建材行业循环化发展。加大力度推进水泥行业技术进步,利用新型干法水泥实现对立窑的替代,减少资源和能源消费。鼓励利用进行水泥窑纯低温余热发电,提高余热回收利用水平。

(四) 以园区为载体链接大中小循环

以园区循环化改造工作为重要抓手,按照循环经济"减量化、再利用、资源化,减量化优先"原则,实施园区循环化改造,推进园区与社会构建大循环,园区内部中循环以及园区内企业的小循环体系。

优化空间布局,整合区域重点产业向园区集聚;推进调整产业结构,突破循环经济关键链接技术,合理延伸产业链并循环链接,促进园区内部企业间的物质交换利用,充分消纳废弃物,实现"零排放";推进企业内部清洁生产,提高水资源、能源的利用水平,推进水、能源、大气污染物及固体废弃物的综合利用,实现资源产出率的提升;搭建基础设施和公共服务平台,以集中供热替代小锅炉,铺设完善的物料供应管网,给水、污水及中水回用管网,建立固废处置和综合利用中心,搭建科研、信息、监测、统计等公共服务平台。

每个园区根据自己的产业特色实施循环化改造,以浙江省特色的纺织工业园区为例,构建园区中循环体系,见图 4-11。

以日本构建静脉产业园为例,说明园区在方式转变路径中发挥的作用。

日本于 1997 年始即在"零排放工业园"基础上开始规划和建设生态工业园区,并把它作为建设循环型社会的重要举措。生态工业园区由环境省会同经济产业省根据废弃物产生种类和数量以及经济运送距离,综合考虑地方政府的积极性和当地环境要求而批准设立。针对各类废弃物(如汽车、冰箱、彩电等)的拆解、回收和资源化企业全部集中设立在园区内,从事无害化(如回

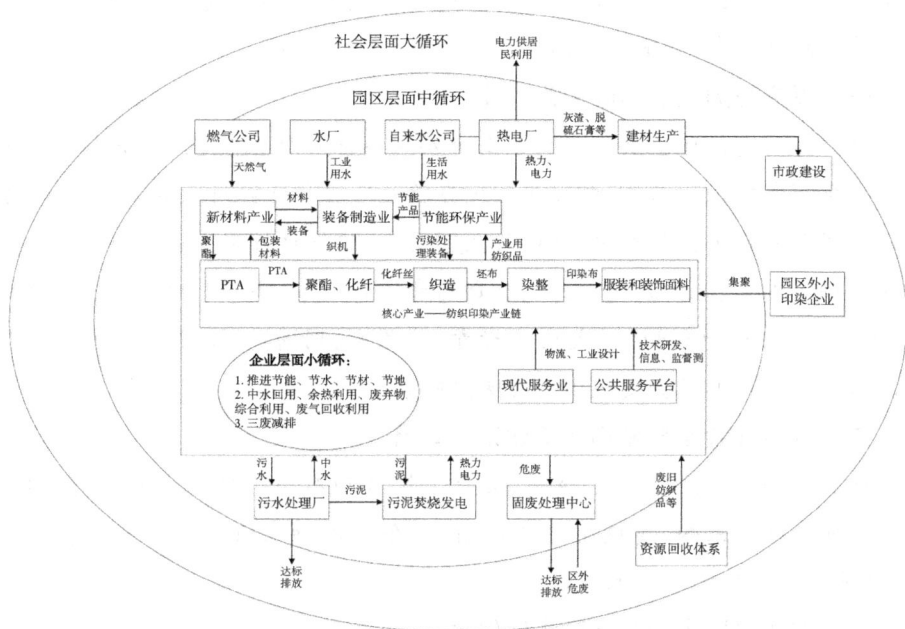

图 4-11　园区中循环示意图

收废旧冰箱中的氟利昂）、再利用（如将可重复使用的部件以新部件 1/2 的价格出售）、资源化（如特废塑料、废玻璃造粒变成新的生产原料出售）、热回收（将无法回收和利用的物质集中焚烧发电以回收能量，并为安全填埋实现减量化）和集中安全填埋，拆解分类后的不同废弃物质（如废塑料、废玻璃、废木材等）在园区内企业间互相交易，实现规模化处理并达到经济最小成本。事实证明日本发展静脉产业型的生态工业园区不仅成为解决环境问题的主要途径，而且已成为当地新的经济增长点，受到各地方政府的积极响应和大力支持。

专栏 2　日本建立循环型社会

20 世纪 90 年代末，日本政府针对面临的严峻资源与环境问题，提出了建立循环经济的构想。2000 年日本把建立循环型社会提升为基本国策，将该年定为"循环型社会元年"，并颁布和实施了《循环型社会形成推动基本法》等 6 部法律。建立起了由政府、企业与个人三大主体和战略规划、法律框架、技术

创新体系、产业政策、企业社会责任与公民环保意识六个要素构成循环经济发展体系。总结下来,日本发展循环型社会有如下特点:

一、以完备的立法和政策为支撑

日本为构建循环型社会建立了三个层次的法律体系。包括:基本法即循环型社会形成推进基本法;综合法即废弃物处理法和资源有效利用促进法;专门法即容器包装再生利用法、家电再生利用法、建筑材料再生利用法等等。立法中明确了国家、地方政府、企业、公众的责任和义务,特别是规定企业和公众的"排放者责任"原则和"扩大生产者责任"原则;同时,日本还制定了一系列鼓励与支持循环型社会发展的经济优惠政策。

二、以全社会参与循环经济建设为举措

建立了国家、地方政府、企业、公众多级联动参与循环建设的良好氛围。以立法实施绿色采购、发展生态工业园区、全民进行垃圾分类回收为重要抓手,全面推进循环型社会的建设。

三、以政府职责和科技进步做保障

对政府机构进行重大改革,强化和明晰政府部门推进循环型社会的管理职能及职责。大力加强科技研究,对循环型社会的关键技术从基础研究到技术开发、实证研究和商业规模化都给予一定的资金支持。

以提高再生资源回收利用率为例分析环境效益。

在生产方式转变路径下,浙江省将进一步提高再生资源的回收利用率。根据相关行业协会的测算,与生产原金属相比,每生产 1 吨再生铜相当于节能 1054 千克标煤、节水 395 立方米、减少固体废物排放 380 吨、减少 SO_2 排放 0.137 吨;每生产 1 吨再生铝相当于节能 3443 千克标煤、节水 14 立方米、减少固体废物排放 20 吨;每生产 1 吨再生铅相当于节能 659 千克标煤、节水 235 立方米、减少固体废物排放 128 吨、减少 SO_2 排放 0.03 吨;每利用 1 吨废钢相当于节能 750 千克标煤、节水 0.4 立方米、减少固体废弃物排放 3 吨。预计到 2020 年,浙江省利用再生铜 65 万吨,再生铝 183 万吨,再生铅 30 万吨,废钢 1150 万吨,相当于节能 1580 万吨标煤、节水 35700 万立方米、减少固体废弃物排放 35500 万吨、减少 SO_2 排放 20 万吨,环境效益十分显著。

二、转变消费方式路径

改变"大量生产、大量消费、大量废弃"的传统增长方式和消费模式,更新消费观念,优化消费结构,合理引导消费方式,鼓励消费生态产品、绿色产品,加快形成"合理生产、适度消费、循环利用"的可持续发展模式。转变消费方式,以资源集约、环境友好导向,进行资源消费革命。加强公共服务建设的节能、节水、节地、节材和资源综合利用水平,提高社会消费的资源节约集约化水平,为居民消费提供绿色产品。加快推动高效节能产品市场消费,实施绿色照明工程。制定实施公共建筑、宾馆、饭店、大型商场节能运行标准,提高节能运行管理水平。倡导公众绿色消费,鼓励使用再生产品、绿色产品、能效标识产品、节能节水认证产品和环境标志产品,尽量减少一次性用品使用。推广绿色包装,抵制过度包装等浪费资源的行为。研究出台其他促进公众绿色消费配套政策。

第四节　技术创新路径

一、技术创新潜力

根据相关研究,当前中国经济从高速增长进入中高速增长的新常态时期,发展动力更替,科技进步对我国当前的经济增长的驱动作用增强。2013年研发经费支出占GDP的比重首次突破2%,近年来专利申请数量和增长速度明显提升,新的增长动力正在孕育壮大,并通过信息技术推动整个循环经济革命性的变革。

浙江省近年来科技进步贡献也在不断提高。技术创新对资源消费量而言,主要来自于存量减少和增量减少两个方面的贡献。存量减少是指通过淘汰落后产能和存量改造两种方式实现的资源消费量减少;增量减少主要通过提高新增产能的资源利用效率,降低单位产品的资源消费量来实现。目前浙江省的资源消费产业中,钢铁、水泥等行业产能过剩,仍需要加大力度淘汰落后产能,同时"上大压小"。技术创新的路径潜力很大,初步估算,若各种资源利用效率在 2013 年的基础上提高 5 个百分点左右,则浙江省的资源消费量可腾出 3000 万吨的空间。而技术创新对产品增加值而言,其提升的潜力则难以估量。

二、技术创新方向

当前技术发展以及基于互联网、大数据、云计算的全新资源生产消费模式进入产业化、商业化的孕育期和突进期。要紧跟国际技术革命新趋势,以绿色低碳为方向,分类、分领域推动技术创新。从资源产出率提升的角度,涉及矿产资源开发、资源加工利用、废弃物回收利用等主要环节,要着力提高企业的自主创新、集成创新、引进消化吸收再创新能力,把关键技术攻关、标准制定、产学研合作作为培育重点。

(一)矿产资源开发环节

要更加重视矿产资源高效开采及选、冶技术,矿产资源综合利用技术等,大幅度提升矿产资源综合利用水平,如生产实践及试验表明,在一定范围内,铁矿磨矿细度每提高 1 个百分点,铁精矿品位提高 0.08 个百分点,对降低矿石消费量具有重要作用。重点开展浙江省优势非金属应用矿物学和综合利用技术研究,为拓展非金属矿产应用新领域,开发新产品提供技术支持。推广低品位难选萤石矿的选矿工艺技术。提高地质调查信息化水平,推广地理信息系统、全球定位系统和遥感技术等现代信息技术,推广建立基于 3S 技术和网络技术的矿山生态环境治理监测系统,不断提高地质装备和监测水平。

(二)资源加工利用环节

要注重控制物耗和能耗水平,推广资源综合利用技术、产品深加工技术、节能环保技术等,注重能源资源与互联网、物联网等融合发展。其中,能源领域重点在于能效提升和能源结构优化,力争在新一代核电、大功率风机、清洁煤电、太阳能电池、海洋能利用、智能电网、互联网能源等领域核心技术取得重大突破,提高非化石能源的使用比例。钢、铁、铜、铝、铅、锌等金属资源加工利用领域,要注重重大节能技术与装备研发,高端金属深加工技术、金属复合材料生产技术、能源梯级综合利用技术,资源加工短流程技术等。石灰、木材等非金属资源加工领域,要注重提升工艺技术装备,推广采用大型预分解窑技术,替代物料、原燃材料的利用技术、余热余压利用技术、除尘技术、高性能混凝土用水泥技术、单机大型化装备技术,过程控制与信息处理技术。

(三) 废弃物回收利用环节

更加注重规模化环保型再生资源回收利用技术、废弃物回收处理技术等,尽最大可能消纳废弃物。如研发推广高效的金属加工冶炼技术、再生金属直接利用技术、水泥窑协同处置城市和产业废弃物技术、废旧木材回收利用技术、利用废旧塑料生产木塑产品技术、建筑垃圾回收利用技术等。研究开发新型高效的垃圾焚烧发电、农业有机废弃物综合利用、工业固废回收利用等装备,提高废弃物综合利用水平。

(四) 末端治理环节

通过资源充分利用、废弃物回收再利用等,使污染物的产生量最小化,在此基础上,加强末端治理,鼓励企业进行节能减排、清洁生产改造,研发和利用先进的生产及污染治理技术和装备,如利用污水高效处理及回用同程化技术、高效节能型氧化沟技术、高效好氧生物流化反应器等水污染处理技术,吸附回收、催化氧化、蓄热燃烧、等离子体等 VOCs 治理技术,选择性催化还原法等脱硝技术,降低排入自然环境的污染物数量。

以浙江能源集团所属嘉兴发电厂三期 8 号、7 号百万煤电机组为例,说明技术创新方向。

浙能集团采用自主创新的"多种污染物高效协同脱除集成技术",对燃煤机组现有脱硝、脱硫和除尘设备进行提效改造,引入新的环保设备和技术对汞和三氧化硫进行进一步脱除,使电厂排放的烟尘、二氧化硫、氮氧化物等达到甚至低于天然气燃气轮机组的排放标准,尤其是 PM2.5 脱除率可达 85% 以上。经中国环境监测总站等权威机构检测,浙能嘉电 7 号、8 号机组在不同工况时,烟囱总排口烟尘、二氧化硫、氮氧化物三项主要烟气污染物的排放数据分别比被称为"史上最严"的国家《火电厂大气污染物排放标准》中规定的重点地区排放标准下降 84.6%、70%、76.3%,明显低于天然气燃气轮机组排放水平。这套超低排放技术整合了世界上目前比较成熟和先进的各种污染物处理技术,走出了一条符合中国国情的燃煤清洁化新路径,并具备大范围推广和复制的价值,成为行业的典型示范。

因此,通过技术创新路径提高资源产出率的同时,各行业的清洁生产水平也将得到普遍提高。预计全社会污染物排放量在 2013 年的基础上降低 5 个百分点左右,则 2020 年可腾出 20900 万吨废水、1200 亿标立方米废气、2.9 万吨二氧化硫、2.9 万吨氮氧化物、1.5 万吨烟尘的环境容量。

三、技术创新举措

(一) 进一步增强循环经济科技政策保障

根据《"十二五"国家战略性新兴产业发展规划》《循环经济发展战略及近期行动计划》,结合浙江省循环经济"991"行动计划,深入贯彻落实《重要资源循环利用工程(技术推广及装备产业化)实施方案》《浙江省推进循环经济发展科技实施方案》《推进节约资源科技进步实施意见》等,确定以企业清洁生产技术、废弃物再利用和资源化技术、企业间产业生态链的集成技术、生态农业技术、新能源开发和可再生能源利用技术等五个方面为重点,开展循环经济科技攻关,组织实施循环经济科技示范工程。实施科技惠民行动专项,重点支持包括循环经济、资源利用领域等科技创新成果在基层转化。在公益类项目中设置重点项目,围绕资源综合利用、环境保护、循环经济等领域重点技术问题进行研发。推进科技治水,贯彻实施《浙江省科学技术厅关于进一步加强生态环保领域科技支撑能力建设的实施意见》,加强水资源综合利用,废渣、废水、废气治理回用、各类固体废弃物综合处置等技术创新和成果转化。

(二) 推进实施循环经济重大科技专项

继续实施节能环保重大科技专项、减排技术转化工程。实施循环经济相关科技项目,逐年增加投入的省级财政科研经费。重点面向冶金、建材、医药化工、纺织印染、造纸和皮革、热力发电、畜禽养殖等高耗能、高污染行业,大力开展水污染雨水资源综合利用、固体废物综合处置、海水淡化与海水综合利用、可再生能源利用、高效节能、绿色化工等技术的研发和应用,推进节能降耗和清洁生产,减少污染物排放,从源头上实现节能、减排、少排,促进循环经济发展。

突破一大批关键共性技术,建设一大批循环经济科技示范基地。例如,"固体废物无害化资源化利用科技创新团队"历经近 20 年联合攻关,开发了污泥搅动型间接热干化和复合循环流化床清洁焚烧集成技术,干化效率显著提高,技术水平国际领先。"脱硫脱硝技术及其产业化创新团队"首创了湿法高效脱硫及硝汞控制一体化关键技术,实际应用脱硫效率达到了 99.47%,牵头或参与编制国家行业标准 9 项。"百万燃煤机组烟气超低排放研究及示范"项目在浙能嘉兴发电厂实施多种污染物超低排放,填补了国内空白。"集中式综合污水处理厂提标减排关键技术推广研究与工程示范"重大项目,解决了复合厌氧水解、生物强化脱氮、中水回用等技术。"富阳市造纸行业废水综合治理关键技术集成与工程示范"项目,建立了一整套纸机湿部系统优化、白水封闭循环和造纸废水及污泥综合治理的关键技术体系。"城市中水综合利用深度脱氮技术研究和工程示范"项目列入太湖流域治理示范工程。"新型微通道换热器"空调能效提高 30% 以上、体积减小 30% 以上、重量减少约 50%、氟利昂等空调制冷剂用量减少 50% 以上。"废旧塑料高效稳定裂解成套技术设备研发"项目开发成套装备把造纸塑料破碎、输送、烘干、裂解、油精炼,整体生产线实现自动化。"基于电凝聚及新型电源的 PM2.5 控制技术"在 300MW 机组应用成功,实现了电厂粉尘总量的有效脱除,提高了我国微细粉尘治理装备的技术水平。"污泥干化、焚烧集成装置"项目,成功开发污泥高效、安全雾化干燥系统、新型雾化干燥系统与回转式焚烧炉系统集成技术与装备。

(三)加速循环经济先进适用技术成果推广应用

强化宣传推广、加快技术转化,组织编制了《浙江省"十二五"环保领域重大科技成果汇编》《"五水共治"技术参考手册》,重点推广污泥干化、垃圾焚烧、农业面源污染控制、污染场地修复、城镇和工业废水治理、污水处理厂提标改造等技术。深入实施减排科技成果转化工程,筛选技术成熟、经济成本合理、有成功应用工程、急需的适用技术,鼓励企业、高校、科研院所通过多种合作方式,把成熟适用技术推向市场。

切实推进科技项目应用,减排技术成果转化工程启动"千万吨工业废水减排技术""百万吨污泥处理处置技术"两个转化工程项目。"百万吨污泥处理处置技术"针对我省城镇污水污泥处理,建立技术推广点转化技术。"污泥干化、焚烧集成装置"已在萧山、绍兴、诸暨、嵊州等地实现工程应用。"污泥搅动型间接热干化和复合循环流化床清洁焚烧集成技术"成果已成功实现了产业化应用。"城市固体废弃物填埋场灾变及控制技术"填补了国内卫生填埋场岩土工程技术空白,形成了国家行业标准,技术在我国 112 个大型填埋场治理工程中应用,碳减排量 35.4 万吨/年。"湿法高效脱硫及硝汞控制一体化关键技术与应用"进一步提高了 SO_2 的脱除效率,项目成果已推广了 110 多套装置。"电厂锅炉多种污染物协同脱除半干法烟气净化技术"目前已推广应用 80 余套。"600MW 燃煤机组大型高效布袋除尘器技术"已在印度 Sterlite 能源有限公司电厂 600MW 机组上成功应用,目前已推广 24 台套。

(四) 完成典型项目和示范工程建设任务

"夏热冬冷地区建筑节能新技术及工程示范"项目,通过各项节能技术的研发、集成应用,实现节能建材、节能空调系统、电耗统计和管理节能系统等的产业化生产和工程示范,完成示范面积 50 万平方米,部分面积实现节能 65%。"PTA 残渣回收方法研究与应用"项目,针对 PTA 残渣对苯二甲酸回收利用研究开发了 PTA 残渣回收成套技术,为 8000 吨/年工业装置建设提供了技术基础,并建立了示范工程。"全湿法电解还原再生废铅酸蓄电池中的铅资源"项目,自主研发一种从废铅酸蓄电池中回收铅资源的全湿法低温电解工艺,实现资源循环利用,减少三废的排放,并建立了示范工程。"聚四氟乙烯生产废弃物回收利用的关键技术研究示范"项目,确定了合理可行工艺的技术路线,回收率大于 85%。"利用废弃煤矸石生产建筑节能自保温砖技术开发"项目,成功开发利用废弃煤矸石生产烧结多孔砖、空心砖、模数砖,达到浙江省居住建筑墙体节能要求,并建立了示范工程。"萘系硫酸盐工业废渣综合利用技术研究与产业化"项目,采用萘系硫酸盐工业废渣为主要原料,形成年产 3 万吨早强型减水剂生产规模。

(五) 增强应对气候变化能力

重视气候变化科技工作。应对气候变化写入浙江省"十二五"科技发展规划,明确:"为应对气象与气候变化,遏制区域环境污染日趋严峻的形势,研究气象监测技术与设备、温室气体排放控制与监测技术、固碳增汇与低碳技术集成与示范","研究区域大气污染输送、转化机制与综合控制与环境质量改善技术、气象与气候变化,温室气体减排技术研究等",同时,气象与气候变化监测、评估技术与装备,温室气体减排和二氧化碳捕集、固碳、资源化和封存技术等列为科研主攻方向。加强与省有关部门的联系沟通协调,深化对气候变化科技工作重要意义的认识;加强气候变化科技资源的整合,鼓励和支持气候变化科技领域的创新。

开展气候变化领域的科技活动。一是积极推进新温室气体清单编制。启动省级清单报告编制工作。市级清单编制工作全面覆盖,县级清单编制工作试点先行。二是建设气候变化研究交流平台。在全国非试点省市中率先建设在线报告平台,完成重点单位温室气体排放数据信息报告系统的填报、核查等功能模块开发,集成自动核算数据和编制报告功能,并完成试点单位的数据入库。三是深入推进基础性课题研究。完成《浙江省温室气体排放相关能力建设》《浙江省温室气体排放数据库建设》《浙江省温室气体排放统计核算体系研究》《浙江省"十二五"应对气候变化规划思路研究》等课题,积极推进《基于碳排放总量控制下浙江省转型发展对策研究》等课题研究。四是开展气候变化观测事实检测及归因分析、气候变化情景预估、气候变化综合影响评估、气候变化应对策略等重大问题的研究。重点研究开发提高能源利用效率、清洁生产和清洁能源技术、主要行业二氧化碳、甲烷等温室气体的排放控制与处置利用技术、生物固碳技术及农业林业等固碳工程技术等。五是积极参与国家有关应对气候变化工作。支持组织省内高校、科研院所、企业参与并争取国家科技支持。如浙江大学等单位承担的国家项目"浙江省应对气候变化科技战略和政策研究"和"典型陆生系统减排增汇增产关键技术及示范"等。

第五节　要素改革路径

随着经济发展从高速发展转向中高速发展的"新常态",浙江省面临经济发展与资源要素供给之间的尖锐矛盾,客观上要求全省经济发展由资源和要素高强度投入驱动逐步转向效率和创新驱动,必然要求改革现行要素配置方式。本研究中的 17 种资源,是关系到经济社会发展的重要资源和要素。在当前形势下,需进一步理顺资源开发与利用、政府引导与市场调节、政策激励与行政监管等各大关系,对资源要素配置进行改革。

从资源要素改革推进情况来看,浙江省在推进资源要素市场化配置改革工作中走在全国各省市前列。2013 年 9 月,海宁市率先在全省开展要素市场化配置改革,在公开公正的亩产效益综合评价排序机制、差别化的资源要素价格机制、"腾笼换鸟"激励倒逼机制、便捷高效的要素交易机制等方面进行积极探索。2014 年 10 月,经浙江省政府批准,杭州市萧山区、湖州市德清县、嘉兴市南湖区等 24 个县(市、区)推广试点资源要素市场化配置综合配套改革。从各地在开展资源要素配置市场化改革的过程中,为落实基于优化配置效率的差别化政策,分别根据各自情况建立了企业绩效评价体系。同时还积极落实污染物总量控制、能源总量控制、最严格的水资源管理制度,并开展了排污权交易、用能权交易、碳交易等试点,把具有外部性的要素资源,在总量控制的范畴内实现市场化配置。各地对资源利用效率较高的企业予以优惠的资源供给保障和政策倾斜,如供电、供水等。通过这些差别化的资源保障政策,激励企业提升资源要素的利用效率,倒逼企业开展节水、节能、节地、治污工作,提高地方资源利用效率和促进经济转型。因此,开展资源要素市场化配置综合配套改革,发挥市场在资源配置中的决定性作用,提高资源要素配置效率和集约利用水平,对破除资源要素瓶颈制约、加快经济转型升级具有重要意义。

浙江省在提高资源产出率方面可开展以下要素改革措施。

一、资源环境倒逼机制

划定资源环境区域红线,将全省区域划分为可开发到禁止开发的若干级区域,确定各级区域的开发强度。分阶段减少不符合区域开发强度要求的各类建设和开发活动。划定资源环境行业红线,依据资源产出率、污染物排放指标制定浙江省产业指导目录,设定不同产业的资源环境红线,分阶段将不符合红线要求的企业或开发方式予以关停并转。

综合运用经济、法律、技术和必要的其他手段,建立和完善落后产能的市场退出机制,进一步加大资源整合力度。采取设备折旧补贴、设备贷款担保、迁移补贴、土地置换等手段,促进产业跨区域转移或退出。

积极探索重大建设项目补充耕地省域内统筹办法和耕地占补平衡市场化

方式。创新淘汰落后产能的机制,探索建立产业"上大压小""上新汰劣"的资源消费平衡机制,利用淘汰落后释放的资源开发空间,实现传统产业的改造和提升,引入并培育新兴产业。

二、要素资源市场化配置机制

(一) 配置导向

资源配置导向主要解决"往哪里配置"问题,针对配置的结构性问题,主要考虑区域空间、产业结构以及企业类型等方面。

1. 区域配置导向

优先向效率高的地区配置。根据各地市资源配置效率分析,就能源、土地、水资源以及排污量而言,绍兴市、金华市和舟山市的要素配置水平较高,因此,省政府及各主管部门在配置资源时,应重点向这些地区倾斜;其它地区应该是有条件地配置,对于配置效率特别低的地区,应该限制配置。

优先向重点开发区和优化开发区配置。在效率高的地区配置时,应该根据主体功能区定位,优先向重点开发区和优化开发区配置资源。

优先向人口和产业集聚区配置。随着新型城市化的推进和城市规模标准的重新划定,大中小城市和小城镇协调发展,将进一步提高人口集聚和产业集聚,促进资源节约集约利用,从而进一步提高资源配置效率。

2. 产业配置导向

从三次产业结构上看,不同的产业对资源的消耗是不同的。以能源为例,我省近十年来第二产业比重基本维持在 50% 以上,而第二产业用能比重在 70% 以上,高于其产值比重 20 个百分点,而第三产业用能比重基本在 10% 左右,远远低于其产值比重 30 多个百分点。从单位增加值能耗来看,第二产业的单位增加值能耗为第三产业的近 4 倍。因此,未来随着服务业比重的逐步提高,资源配置应优先向服务业配置。

3. 企业配置导向

从工业内部结构看,不同的行业之间的消耗量也是不同的。以能源为例,通用、专用及交通运输设备制造业等行业单位能耗制造的 GDP 要高于纺织、造纸等行业,因此,资源配置时应优先向这些行业倾斜。

（二）配置手段

资源配置手段主要解决"如何配置"的问题,要充分发挥市场在资源配置中的决定性地位,把资源要素配置市场化作为改革重点,形成市场调节为主、政策激励倒逼为辅的配置手段。要素资源市场化配置机制可从制定市场运行规则、搭建市场交易平台、深化配套支持改革三个方面开展。

制定市场运行规则,切实发挥政府"有形之手"。在土地资源方面,建立公开公正的亩产效益综合评价机制。区别对待规上、规下企业,使用公开的评价指标和公正的评价规则开展工业企业资源环境要素利用综合评价,根据评价结果分类对待;同时建立动态排序制度,每年进行综合评价排序并公布。在资源利用和环境损害方面建立分类施策的资源要素价格,形成倒逼机制。对不同类型、不同资源环境要素利用水平的企业实施差别化的电价、水价、城镇土地使用税、排污权交易价格、用能交易价格等政策和差别化的管理措施。在产业发展方面,制定激励政策,促进落后产能实施退地、自行交易土地、兼并重组、淘汰关停、提升改造等实质动作,引导存量盘活和资源优化配置。

搭建市场交易平台,主动发挥市场"无形之手"。首先要搭建要素交易市场,主要承接水资源、土地资源、能源资源、污染物排放量等资源的一、二级市场交易,打造立足当地、辐射区域的要素综合交易平台。其次要引进人力资源聚集区,以产业集聚、服务拓展、企业孵化、市场培育为主要功能,为经济发展提供产业化、信息化、规范化、国际化人力资源服务的人力资源服务业集聚区。再次构建技术要素市场,建设网上技术交易平台,培育发展区域性技术交易市场,创新构筑院(校)地深度合作共建产学研机制。

深化配套支持改革,完善要素改革保障机制。加快政府市场放权,推进高效行政审批。创新地方金融要素保障,推进民营资本活力化。创新科技人才集聚机制,营造良好投资环境。改革人才评价制度,建立技能人才企业自主评价机制。

（三）配置依据

资源配置依据解决"凭什么配置"的问题,主要针对配置的标准、统计、监管等方面。

建立规范的资源要素统计制度。掌握资源使用现状是提高配置效率工作的基础。为此,必须从政府、园区、企业等层面建立资源使用统计制度,推动资源配置工作走向规范化管理。

建立科学系统的资源绩效评价体系。目前,各地大致采用两种方式评价考核企业绩效:一种是采用传统的亩产经济效益进行评价;另一种是采用单位土地产出、单位能耗、单位水耗、单位产值排污等一系列要素指标加权计算所得。企业绩效评价是进行资源要素初始分配和落实差别化政策的基础,因此在选择指标和确定指标权重时必须采用科学的方法,并通过专家咨询等方式多方论证,避免仅凭决策者主观判断确定指标和权重,影响评价体系的科学性。

建立完善的核查和监管体系。政府部门在加强自身监督管理队伍建设的同时,应积极培育专业的第三方监督和评价机构,建立系统的监管体系。一方面继续坚持对资源消耗大户实行重点监控管理;另一方面加强对小型、分散用户的管理覆盖面,推进精细化、系统化的资源要素监管。运用物联网、移动射频技术等现代化装备系统,对企业污染物排放、碳排放、能源消费情况、水资源利用情况进行系统核查、实时监控,全面掌握企业资源要素效率信息,避免企业虚报、瞒报相关数据,为相关政策的制定和维护要素分配和交易的公平公正提供技术支撑和保障。

三、政府资源管理调控机制

政府对具有限制性的资源需要完善资源管理调控机制。限制性资源包括水资源、能源资源、矿物质资源、污染物容量等。

水资源方面,严格执行《关于实行最严格水资源管理制度的意见》中提出的水资源开发利用控制、用水效率控制、水功能区限制纳污的“三条红线”。在水资源开发利用控制方面,及时制定、修订全省、各行政区、各水资源分区的水资源利用总量,限制水资源开发利用规模。在用水效率控制方面,及时全面修订《浙江省用水定额》地方标准,全面推行水资源定额管理。在水功能区限制纳污方面,在《全国重要江河湖泊水功能区划》基础上,制定并及时修订浙江省重要江河湖泊水功能区划,核定各个水功能区的限制纳污能力。在总量控制、定额管理方面,尝试建立企业水权制度,建设水权交易平台;在污染物排放方面,建立排污权制度,建设排污权交易平台。建设水资源管理监控体系,全面落实"三条红线";制定配套政策,引导企业向减少用水量、降低用水定额、减少排污量的方向发展。

能源资源方面,严格执行国家能源"双控"目标,从能源消费总量和煤炭总量两个方面,对地方经济发展中的能源利用进行限制。将能源消费总量和煤炭总量指标分解到各行政区,定期考核指标完成情况,制定政策根据完成情况的好坏进行奖惩。在能源消费和用电方面,鼓励发展风能、核能、太阳能等新能源,在"双控"指标中予以减免优惠。建立健全能源消费监控体系,追踪主要能源资源的物质流动,实现对"双控"指标的监控管理。

矿物质资源方面,停止储量小、开采难度大、污染程度高的矿山开采;严格限制石灰石开采规模,实行总量控制;对矿山开采鼓励保护性开采、深度化开发。建立健全矿物质资源开采利用的全面监控体系,全面落实矿物质资源限采停采,全面监测矿山开采的环境保护工作。

污染物容量方面,除核定各水功能区纳污能力外,分区域核定各行政区大气污染物、固体废弃物的纳污能力,形成统一的污染物纳污能力体系。建立健全污染物排放监控体系,严格实行刷卡排污措施。在区域污染物纳污能力的基础上,建立排污权交易市场,使用市场化手段调控各企业排污量,促进落后产能淘汰,为先进产能腾出空间。

碳总量控制方面,为应对气候变化,我国承诺在 2020 年碳排放强度下降40%—45%,非化石能源占比达到 15% 的基础上,计划 2030 年左右二氧化碳排放达到峰值,且将努力早日达峰。浙江作为东部发达地区,可能被要求提前达到碳排放峰值。本研究研究的钢铁、建材、电力、化工等均是浙江省的高碳排放行业,要提早开展碳总量控制、碳交易等措施研究。

四、资源产出率评价考核制度

在资源产出率研究基础上,结合全省资源环境管理工作实际和节能减排要求,研究建立具有可操作性的资源产出率评价指标体系,制定对应的资源产出率评价考核制度。指标体系与考核制度应考虑省、市、县三级以及重点工业园区,制定差异化的指标体系与考核制度。制定专门的土地资源产出率考核评价制度,建立公开公正的亩产效益综合评价机制。区别对待规上、规下企业,使用公开的评价指标和公正的评价规则对工业企业综合评价,根据评价结果分类对待。依托水资源定额管理和水资源利用总量控制制定水资源产出率考核评价制度。在此基础上建立现代水权制度和水权交易市场,利用市场手段在一定范围内开展水资源优化配置。建立差别化的水价形成机制,通过经济手段引导企业向节水增效方向转变。

以常山县矿产资源综合利用改革为例,研究要素改革的路径。

常山县是浙江省的矿产资源大县,矿产开采历史悠久,以石灰岩、萤石、叶蜡石、石煤等非金属矿产和能源矿产为主。为了更好地解决矿产资源的不合理开发和利用问题,缓解经济发展和环境保护之间日益突出的矛盾,亟须开展矿产资源综合利用改革。具体的改革事项和思路见专栏3。

专栏3　常山县矿产资源综合利用改革

一、改革事项

开展常山县矿产资源综合利用改革试点,实现以提高资源产出率为核心的矿产资源管理和要素资源配置改革,将提高资源产出率作为贯彻落实生态文明建设的重要评价指标之一。

试点主要实施矿产资源要素市场化配置的激励约束机制、矿产资源开发利用准入和监管机制,矿产资源关联产业转型升级激励机制、考核评价体系调整等一系列改革事项。

二、改革思路

通过常山县矿产资源改革试点,以点带面,在省级层面加快循环经济发展,逐步建立以提高资源产出率为核心的资源管理和要素资源配置机制,在构建生态文明建设的体制机制方面实现突破。

加大非金属矿产和低品位能源矿产的高效利用,显著提升产业附加值,在产业转型升级方面实现突破。

加大矿产资源开发过程中的环境治理和环境监管,在群众反应强烈的方面实现突破。

三、改革措施

（一）建立矿产资源储备与评估机制。

（二）建立矿产资源基础数据管理制度、矿产资源储备制度、绿色矿业发展评估制度等。

（三）改革资源开发利用准入制度。

（四）建立新批矿山环保前置制度、健全矿产资源综合利用引导激励机制、矿产品分级供应机制、矿产企业生态补偿机制等，出台矿产资源利用产业转型鼓励政策、完善财政税收政策等。

四、矿产综合利用配套措施

出台矿产开发利用企业用地管理办法、企业差别化电价政策、"煤改气"工作实施办法、矿产利用企业用能指标管理意见、排放交易机制、完善矿产物流管理办法等。

五、建立矿产资源综合监管机制

实行环境监控处罚办法、矿产外运补偿费调节政策、矿产资源动态监测措施、矿产资源差别化管理办法等。

第五章 对策建议与展望

第一节 对策建议

本书对浙江省近四年的资源产出率进行分析评价,对未来提升目标进行预测分析,对提高资源产出率的五大路径进行深入研究。得出的资源产出率研究成果,为浙江落实"生态文明""两美浙江"等重要战略,深入推进循环经济发展工作提供决策参考。下一阶段要紧抓提高资源产出率这个牛鼻子,更好地推进资源管理和循环经济发展等相关工作,紧密衔接,协同发展。一是从加强规划融合、完善统计体系、健全法规标准、培育示范基地、强化支撑体系的角度,推进全社会的循环经济建设,提高资源产出率;二是建立循环经济示范城市、县,开展园区循环化改造,建立"城市矿产"示范基地,探索再制造试点园区,以培育循环经济发展典型模式为抓手,实现重点领域的资源产出率提高目标。

一、加强规划融合

浙江省正在按照整体智治的现代政府理念,全力推动深化"多规合一"改革和省域国土空间治理现代化,探索编制集经济社会发展主体功能区建设、土地利用、城镇建设、基础设施、生态环境于一体的市县总体发展规划,为"一张蓝图干到底"打好基础。建议将提高资源产出率作为贯彻落实"生态文明"、"两美浙江"建设的重要评价指标之一。也为下一步谋划好全省规划三个重大,即"重大政策、重大工程、重大项目"提供研究基础,将资源产出率提升路径的内容以及相关的措施作为规划重点任务给予明确落实。

二、完善统计制度

国家《循环经济发展战略及近期行动计划》(国发〔2013〕5 号)确定了"十二五"期间我国主要资源产出率提高 15% 的目标,同时也明确提出要建立循环经济统计评价制度,开展区域层面资源产出率研究工作。然而目前我国对资源使用与消耗的统计不完全,现有国民经济统计体系对资源消耗量、资源及资源产品实物量的统计相对缺乏。本书采用统算结合的方法,测算分析了省域层面的资源产出率。研究得到循环经济统计评价制度,尤其是资源产出率核算评价制度要充分依托现有的统计制度,以资源产出率研究为基础,明确合理的统计口径,补充完善现有的统计报表制度,分阶段、分区域探索建立省市县三级、覆盖重点工业园区(开发区)、重点企业的资源产出率统算结合的体系,制定配套的统计制度予以保障,更好地推动循环经济工作走向信息透明化、管理规范化、决策科学化。其中,正在开展循环化改造的园区(开发区)、城市矿产基地、资源综合利用"双百基地"要先行开展资源产出率统计核算与考评试点。

三、健全法规标准

推进以资源产出率为关键衡量指标的区域循环经济发展工作,需要法律法规层面上的支持和保障,以及标准体系的支撑。本书认为完善循环经济发展相关法律法规,健全相关的标准体系,非常重要。

(一) 完善相关法律法规

发展循环经济、提高资源产出率是突破资源环境瓶颈、实现转型发展的必然要求和迫切需求。尽管这一理念已逐渐获得认可,但要在全社会层面推进这项工作,相应的法律法规亟须完善。积极做好循环经济领域的立法调研、起草工作非常必要。提请省人大常委会制定或修订《浙江省循环经济促进条例》《浙江省资源综合利用条例》《浙江省可再生能源开发利用促进条例》《浙江省废弃电器电子产品回收处理管理办法》等循环经济领域的地方性法规。加快研究制定循环经济行业准入、先进技术推广、落后产能淘汰、城市矿产开发利用等规范性文件。逐步建立循环经济法规体系,强化发展循环经济、提高资源产出率的法制保障。

(二) 健全标准体系

组织制定循环经济地方标准和规范,逐步建立健全循环经济标准化体系。一是制定循环经济示范企业、示范基地、示范园区等评价标准,将资源产出率考核作为其中最重要的硬性指标。二是在再生资源回收利用、电力、纺织印染、建材、造纸、化工、冶金等重点行业领域,调整、完善和制定企业或行业标准,主要包括原材料投入标准、能耗标准、水耗标准、排放标准、环保技术标准、产品质量标准、资源回收利用标准、市场准入标准等。三是制定节水效率强制性标准、节水产品准入制度和节水产品认证制度。四是研究制定新建项目的环境容量产出率和建设用地产出率强制性标准。五是完善循环经济计量技术法规,在环境监测、资源保护、节能降耗等领域加强计量监督。

四、培育示范基地

根据浙江省各主要资源的物质流分析,抓住提升资源产出率重要节点,从浙江实际出发,结合循环经济示范城市、县,园区循环化改造,"城市矿产"示范基地建设,再制造试点培育等重点工作,分不同资源、不同区域、不同类型培育一批"有特色、出经验、可复制"的示范区域或基地、企业。发挥典型示范作用,以点带线,以线带面,推进全省资源产出率的总体提升,打造面向全国、可供借鉴的典型样本。

(一) 培育一批示范区域或基地

培育一批在产业链延伸、循环产业链发展、资源再生利用、高新技术产品研发等方面具有特色的典型区域或基地,作为资源产出率提升的示范试点,并适时推广应用。加强综合性再生资源基地建设,推动再生资源产业可持续发展。

宁波市:可作为钢铁资源产出率提升的试点区域培育。宁波市的钢铁行业贯彻落实国家钢铁产业政策,着力于调整优化产品结构,实现单位能耗强度的明显下降,不再增加能耗总量。重点发展家电板、高档建材板等国家鼓励发展的高附加值品种。并且出台落实铸造行业转型升级的政策,发展先进装备制造业,提高铸造行业综合竞争力。宁波作为钢铁资源产出率提升的典型具有较好的示范效应。

台州市:可作为铜资源产出率提升的试点区域培育。浙江省铜材加工和铜下游产业主要集中在台州、宁波等地区。其中台州市是典型的再生资源利用与区域经济相结合发展的区域:一方面,通过再生资源回收利用解决了区域特色经济发展的原料来源;另一方面,以再生资源利用产业尤其是金属资源再生产业,带动当地电线电缆、电机、水泵、摩托车配件等产业发展。因此将台州市作为铜资源产出率提升的示范区域具有代表性。

金华永康市:可作为铝资源产出率提升的试点区域培育。永康市现已发展成为全国最大的五金产品生产基地和集散中心,被授予"中国五金之都"等称号。依托发达的五金产业市场网络和废旧金属材料市场,永康的再生资源回收利用形成了"再生金属—五金制造—废旧金属回收—再生金属"的循环型产业链,建立了"回收站点+龙头企业+回收基地+信息管理"的"永康模式"。并在全社会构建了一条"回收体系—原料基地—生产利用—专业市场"的大循环发展模式。因此,在提升铝等有色金属的资源产出率方面具有典型性和代表性。

湖州长兴县:作为铅资源产出率提升的试点区域培育。浙江省铅的回收利用主要集中在铅酸电池产业。经过前几年严厉的铅酸电池行业整顿,行业发展的规范性已初见成效。长兴县是铅蓄电池产业集中区域,对其进行研究具有代表意义。

宁波北仑区:可作为石油资源产出率提升的试点区域培育。浙江省石油化工行业临港发展特点十分突出,宁波市是浙江省的重化工业基地,而北仑区则是宁波市的重化工业集中基地之一,石化产业集中且规模大,是石油资源分析较好的案例。

衢州常山县:作为石灰石资源产出率提升试点区域培育。常山县是浙江省资源小省中的矿产资源大县,以石灰岩、石煤、萤石等非金属矿产和能源矿产为主。围绕石灰石资源,已形成水泥和钙产品两大产业类型,在资源产出率提升方面有很大的潜力可挖掘。

湖州南浔区:可作为木材资源产出率提升的试点区域培育。南浔木业从仅有百余万平米木材加工能力的小产业发展成了年产值超百亿的规模化木地板产业集群,已形成配套体系相对完整、体量规模在全国居于领先地位的产业群落。南浔区 2014 年 10 月又争取到国家资源综合利用"双百工程"示范基地,是废弃木材资源综合利用的典型。

衢州市:作为萤石资源产出率提升的试点区域培育。衢州市已初步形成"四大千亿"产业群,其中以氟硅为重点的新材料产业,已基本形成以氟材料产业为主体、以硅材料为重点的产业格局。在块状经济领域,探索出了氟硅块状经济实现转型升级模式,成功实现氟硅块状经济的转型升级,建成了国家氟硅产业基地、浙江省氟硅块状经济向现代产业集群转型升级示范区。因此作为萤石资源产出率提升的示范基地培育很具典型。

(二)培育一批示范企业

建议选择培育一批有色金属加工、再生金属回收利用、纳米级碳酸钙生产、废旧木材回收加工、低品位萤石矿开采利用等资源产出率高的企业作为示范,促进传统行业转型升级和战略性新兴产业快速发展,实现技术突破和管理创新,有效推动节能减排和改善生态环境质量。

研究制定统一的评价体系,定期认定一批资源产出率在同行业中处于领先水平的企业,并实施动态管理。主要培育方面是以提升产品质量和技术水平、延长产业链、提升产品附加值、"四节一利用"等为重点,以拓宽企业发展领域、优化资源利用方式和提高资源产出率为核心,用高新适用技术改造传统产业,不断创新合作方式,加强企业与企业间的产业耦合与关联,在项目整合和原料互供方面实现资源共享,形成相互关联和相互支撑的产业集聚态势。

(三)总结一批典型模式

总结一批涉及资源产出率提升方面,特点突出、效果明显的技术创新模式、产业创新模式、商业创新模式等,将以主要资源及其关联产业培育来带动浙江省产业转型升级的新增长点。一是充分挖掘资源生产消费行业的技术创新潜力,完善技术创新体系,总结技术创新模式。二是发展依托主导产业构建上下游、相互关联多产业共生模式,形成产业融合发展的产业创新模式。三是结合智慧城市建设等,依托互联网技术,创新废弃物回收综合利用模式。结合物联网等技术,创新大宗资源的物流模式等。结合能源互联网技术等,创新资源能源消费方面的管理模式等。

五、强化支撑体系

资源产出率的提升,支撑体系建设必不可少。这些支撑体系主要包括服务体系、资环联网平台等。

(一)建立服务体系

加强科学研究,研究资源产出率方面的重大问题,提高支撑能力。积极促进资源产出率相关的服务体系建设,包括科技咨询、合同管理、技术交流平台等。联合产、学、研三方力量,为区域经济发展、产业发展、资源综合利用、循环经济和生态文明建设等方面涉及的资源产出率提升问题寻求解决方案。

(二)形成资环联网平台

借鉴物联网、大数据、云计算等模式,融合发改、国土、商务、环保、经信、住建、农业、粮食、林业、海关等相关部门的数据,以资源产出率课题研究为基础,建设全省的资源环境联网平台。分阶段、分区域逐步建立起省市县三级、覆盖重点工业园区的资源环境监测评价分析平台,实现资源产出率调查统计、监测、评价的自动化,提高资源产出率评价的效率和决策支持能力。

第二节　研究展望

一、拓展研究内容

(一)深入研究物质流分析中的出口端

针对经济系统,物质流分析分入口、循环、出口三方面。围绕入口和循环两个方面,本文重点研究了入口端的资源开采利用、进出口、省域调入调出等,以及循环环节的循环产业链构建、再生资源回收利用、资源综合利用等。下阶段可围绕出口端,重点研究在物质流中各资源消费与污染物排放的直接关联性,量化说明由于资源消费量而排放到环境需最终处置的污染物,以及污染物减排的途径。

（二）深入研究资源产出率提升路径

目前对布局、结构、方式、技术和要素改革等方面提出路径。下阶段分路径逐项研究对资源产出率提升的作用，深化路径提升的思路、对重点区域、重点行业、重点资源、重点企业等研究提出更明确的要求。

二、完善研究参数

本书以物质流分析方法为主，以投入产出方法和大数据方法为补充，采用三种研究方法相互校验，得出该方法有效可行，但针对方法的应用、相关参数研究等方面，还需进一步完善。

（一）物质流分析中深入研究折算系数

对物质流分析中的折算系数研究，可深化的内容有：一是研究采用的二次资源折算一次资源系数，大部分采用了国家层面的研究成果，结合浙江实际补充了部分折算系数。下阶段针对浙江的矿产资源禀赋、技术工艺水平、资源综合利用等情况，进一步完善折算系数。二是研究增加了水资源、土地资源和萤石资源，萤石资源通过浙江实际的萤石资源禀赋、产业发展与技术工艺情况已提出浙江特色的折算系数，但水资源与土地资源目前是单独测算，下阶段可进一步研究将上述两种资源纳入整个资源产出率的测算体系。

（二）深入研究投入产出方法在资源产出率方面的应用

针对投入产出方法在资源产出率测算方面的应用，可深化的内容有：一是深入研究投入产出价值表与实物量表的转化。目前可利用的投入产出表是统计部门每五年编制的价值型投入产出表，在价值量与实物量转化过程中，受价格因素影响较大。如果消除价格影响，需进一步深入研究转化工作。二是投入产出表的更新。由于投入产出表每5年更新一次，如果对投入产出表进行更新与修订，相关的方法上需深入探讨。三是行业细分与合并。投入产出表分行业大类与行业中类投入产出表两种，下阶段可研究如何进一步细化资源生产加工行业，适当合并其他行业，避免投入产出表过于庞大影响测算。

（三）深入研究大数据方法在资源产出率方面的应用

研究采用大数据方法对税务数据进行挖掘，计算了浙江省主要资源的省域调入调出量，以另一种方法校验了物质流分析和投入产出法中的省域调入调出数据。下阶段可从以下两方面进行深化。一是采用企业级的税务数据进行研究。研究目前采集到的数据是按照行业进行分类的税务数据,与按资源划分的口径不一致。下阶段若能得到企业购销数据,则更能提高本方法的数据准确性。二是进一步验证相关参数。研究通过典型企业的调查获取各资源的调入比率等参数,下阶段还可通过其他典型企业的调查来验证。三是扩大数据获取途径,获取多个省或是全国的税务数据。比如,某资源主要由安徽和上海调入,若得到安徽和上海的调出发票,与浙江省该资源的调入相对应,则可以根据安徽和上海的调出发票来分解调入的产品比率,提高计算准确率。四是用水、用电税务数据来验证。用水、用电数据在一定程度上反映出企业或行业的生产能力。掌握行业或企业的用水、用电税务数据可从侧面对行业或企业生产资源的数量进行验证。

三、丰富研究对象

下一步还可丰富研究对象,如考虑浙江的纺织业发达,可增加棉花等生物资源;研究的区域可拓展到市县层面、园区层面等。围绕循环经济的重点工作,推进循环经济示范城市、开展循环化改造的园区、城市矿产基地,资源综合利用"双百基地"等,先行开展统一规范的资源产出率的测算与评价。针对不同研究对象、不同类型与特点,建立一整套区域层面的资源产出率测算指南,指导循环经济发展的具体工作。

四、延伸时间尺度

目前研究的时间边界为 2010—2013 年,提出的浙江省资源产出率也是近四年的水平,时间尺度较小。下阶段可进一步利用各部门的历史数据积累,延伸时间尺度。一是利用投入产出表、经济普查数据五年一编制的特点,对浙江省更长时间的情况进行研究,测算十年或二十年等大时间尺度的资源产出水平数据;二是利用税务数据的基础,也可以延长年限,研究近十年、二十年的浙江省资源产出水平;三是根据需要,结合较长年份的历史数据,延伸预测分析的时间尺度。

参 考 文 献

鲍智弥:《大连市环境—经济系统的物质流分析》,大连理工大学 2010 年硕士学位论文。

陈伟强:《2005 年中国国家尺度的铝物质流分析》,《资源科学》2008 年第 9 期。

陈锡康:《投入产出技术》,科学出版社 2011 年版。

陈效述:《中国经济—环境系统的物质流分析》,《自然资源学报》2000 年第 1 期。

陈效述:《中国经济系统的物质输入与输出分析》,《北京大学学报(自然科学版)》2003 年第 4 期。

单永娟:《北京地区经济系统物质流分析的应用研究》,北京林业大学 2007 年硕士学位论文。

丁平刚:《海南省环境经济系统的物质流特征与演变》,《中国人口·资源与环境》2011 年第 8 期。

段宁:《中国经济系统物质流趋势成因分析》,《中国环境科学》2008 年第 1 期。

郭学益:《我国铅物质流分析研究》,《北京工业大学学报》2009 年第 11 期。

洪丽云:《基于 ARMC 的省域层面资源生产率研究》,清华大学 2011 年硕士学位论文。

黄和平:《区域生态经济系统的物质输入与输出分析——以常州市武进区为例》,《生态学报》2006 年第 8 期。

黄和平:《物质流分析研究述评》,《生态学报》2007 年第 1 期。

黄晓芬:《上海市经济—环境系统的物质输入分析》,《中国人口·资源与环境》2007 年第 3 期。

李刚:《基于可持续发展的国家物质流分析》,《中国工业经济》2004 年第 11 期。

李荣:《大数据时代电子税务数据分析与应用研究》,《计算机光盘软件与应用》2013 年第 19 期。

李长莎:《浙江省生态文明建设研究》,浙江农林大学 2016 年硕士学位论文。

刘滨:《以物质流分析方法为基础核算我国循环经济主要指标》,《中国人口·资源与环境》2006 年第 4 期。

刘建丽:《基于决策树的税务数据分析》,《现代计算机(专业版)》2003 年第 11 期。

刘敬智:《中国经济的直接物质投入与物质减量分析》,《资源科学》2005 年第 1 期。

刘伟:《天津市经济—环境系统的物质流分析》,《城市环境与城市生态》2006 年第 6 期。

刘毅:《中国磷循环系统的物质流分析》,《中国环境科学》2006 年第 2 期。

刘毅:《滇池流域磷循环系统的物质流分析》,《环境科学》2006 年第 8 期。

刘征:《中国磷资源产业中磷元素循环的投入产出分析》,《清华大学学报(自然科学版)》2006 年第 6 期。

楼俞:《邯郸市物质流分析》,《环境科学研究》2008 年第 4 期。

陆钟武:《钢铁产品生命周期的铁流分析——关于铁排放量源头指标等问题的基础研究》,《金属学报》2002 年第 1 期。

罗璇:《中国铁元素物质流账户分析》,上海交通大学 2007 年硕士学位论文。

毛建素:《铅的工业代谢及其对国民经济的影响》,东北大学 2003 年博士学位论文。

钱翌:《青岛市环境—经济系统的物质流分析》,《青岛科技大学学报(社会科学版)》2009 年第 1 期。

善孝玺:《西北贫困地区环境经济系统物质流分析——以甘南藏族自治州为例》,《兰州大学学报(自然科学版)》2012 年第 4 期。

沈怀军:《安徽省环境经济系统的物质流分析》,合肥工业大学 2007 年硕士学位论文。

沈万斌:《物质流分析模型的应用研究》,《东北师大学报(自然科学版)》2009 年第 1 期。

王青:《中国经济系统的物质消耗分析》,《资源科学》2005 年第 5 期。

王亚菲:《经济系统可持续总量平衡核算——基于物质流核算的视角》,《统计研究》2010 年第 6 期。

王亚菲:《经济系统物质投入产出核算框架设计》,《统计研究》2012 年第 4 期。

魏婷:《厦门市生态经济系统物质流分析》,《生态学报》2009 年第 7 期。

吴小庆:《基于物质流分析的江苏省区域生态效率评价》,《长江流域资源与环境》2009 年第 10 期。

徐明:《辽宁省经济系统物质代谢的核算及分析》,《资源科学》2006 年第 5 期。

徐明:《中国经济系统的物质投入分析》,《中国环境科学》2005 年第 3 期。

徐一剑:《贵阳市物质流分析》,《清华大学学报(自然科学版)》2004 年第 12 期。

徐一剑:《物质投入产出表在义马市物质流分析中的应用》,《中国环境科学》2006 年第 6 期。

岳强:《中国铜循环现状分析(Ⅰ)——"STAF"方法》,《中国资源综合利用》2005 年第 4 期。

岳强:《中国铜循环现状分析(Ⅱ)——具有时间概念的产品生命周期物流分析方法》,《中国资源综合利用》2005 年第 5 期。

岳强:《物质流分析、生态足迹分析及其应用》,东北大学 2006 年博士学位论文。

张江徽:《中国锌循环及其折旧再生指数研究》,东北大学 2007 年博士学位论文。

张思锋:《基于 MFA 方法的陕西省物质减量化分析》,《资源科学》2006 年第 4 期。

张欣:《基于数据挖掘的纳税数据异常检测研究与应用》,西安石油大学 2009 年硕士学位论文。

张音波:《基于物质流分析方法的区域可持续发展动态研究——以广东省为例》,《资源科学》2007 年第 6 期。

钟若愚:《中国资源生产率和全要素生产率研究》,《经济学动态》2010 年第 7 期。

周凤禄:《基于物质流分析的氧化铝工业可持续发展研究》,东北大学 2014 年博士学位论文。

朱兵:《经济系统物质流分析指标的国内外政策应用比较研究》,《清华大学学报(自然科学版)》2015 年第 4 期。

朱远:《中国提高资源生产率的适宜模式与推进策略研究》,同济大学 2007 年博士学位论文。

AYRES R.U.,"Production,consumption and externalities",*American Economic Review*,Vol.59,No.3(1969).

CAIN A.,"Substance Flow Analysis of Mercury Intentionally Used in Products in the United States",*Journal of Industrial Ecology*,Vol.11,No.3(2007).

OECD,*Measuring Material Flows and Resource Productivity*(*Volume III*):*Inventory of Country Activities*,The Secretary-General of the OECD,2008.

LINDQVISTA A.,"What can we learn from local substance flow analyses? The review of cadmium flows in Swedish municipalities",*Journal of Cleaner Production*,Vol.12,No.8(2004).

THOMAS V.,*Emissions and exposure to metals:cadnium and lead*,Cambridge University Press,1994.

WOLMAN A.,"The metabolism of cities",*Scientific American*,Vol.213,No.3,(1965).

附录　名词解释

资源产出率（**Resource Productivity**）

经济系统内地区生产总值与资源利用量的比值，即主要物质资源的单位利用量所产出的经济量，反映经济系统对物质资源的利用效率。提高资源产出率意味着"以少产多"。某区域的资源产出率计算公式为：资源产出率＝地区生产总值（不变价）／主要物质资源利用量。

主要物质资源利用量

社会经济发展中在一定时期内所利用的主要资源的总量，即各类资源的利用量之和。主要物质资源包括煤炭、石油、天然气、铁矿、铜矿、铝土矿、铅锌矿、镍矿、石灰石、硫铁矿、磷矿、木材、工业用粮等物质资源产品。在浙江省资源产出率研究中，还加入了萤石矿。

物质流分析（**Material Flow Analysis，MFA**）

一种以物质守恒为基本原理，定量地评估具有时空边界的经济—环境系统中物质的存量与流量，从而追踪物质在该系统中流动的源、路径和汇的研究方法。根据研究的对象，MFA 分为经济系统物质流分析和元素流分析。

经济系统物质流分析（**Economy-wide Material Flow Analysis，EW-MFA**）

物质流分析的一种，主要针对物质的总量与结构，如能源、金属矿、非金属矿、生物质等物质资源的规模和结构,经济系统物质流分析主要关注物质进出经济系统边界的流量,而不考虑经济系统内部的路径。

元素流分析(Substance Flow Analysis,SFA)

物质流分析的一种,主要针对单独的元素或化合物,如铁、铜、锌等金属元素,或木材、工业用粮等具体物质,元素流分析主要关注物质在经济系统的边界和内部的代谢过程。

一次资源

又称原生资源,即以天然形式存在的,直接开采但未经过进一步加工利用的自然资源,如原煤、铁矿石、原木等。

二次资源

通过对一次资源的加工利用生产出的中间产品,以进一步服务于终端成品的生产需求。二次资源在研究中可以根据特定需要划定边界,从而定义相应的半成品和最终产品。

区域内开采使用量(Domestic Extraction Used,DEU)

在区域内所开采的为经济系统所使用的那部分资源量,不包括未进入经济系统部分的物质,如因采矿所剥离的岩土等。除矿物资源开采外,还包括粮食、木材等生物质资源的生产量。

直接物质投入(Direct Material Input,DMI)

衡量经济系统生产活动所需的直接物质供给量。计算公式为:

国家层面:DMI = DEU+进口的资源量;

省/市/县域层面:DMI = DEU+进口的资源量+调入的资源量

区域内物质消费量(Domestic Material Consumption,DMC)

衡量区域内经济系统直接消耗的物质总量,为表观消耗量。计算公式为:

国家层面：DMC＝DMI－出口的资源量；

省/市/县域层面：DMC＝DMI－出口的资源量－调出的资源量

原始资源消费当量（Raw Material Consumption，RMC）

以原生资源（一次资源）计量的形式衡量区域内物质消耗量，一方面可通过二次资源的消耗量按一定的折算系数计算得到；另一方面，亦可将 DMC 中不属于原始资源的部分按一定系数折算成原始资源后计算得到。

区域内生产过程排放量（Domestic Processed Output，DPO）

区域内经济系统生产过程中所排放和耗散到空气、水和土地中的物质量，如气体、液体或固体废弃物等。

循环率（Recycling Rate）

包括各类资源的循环率和总体物质循环率。根据本研究所确定的测算口径及数据的可得性，所考察的物质循环率仅包括铁、铜、铝、铅、锌、镍这 6 类金属资源。

对于各类资源的物质循环率而言，其计算公式为：金属循环率＝废金属消耗量/二次资源生产量；其中，废金属消耗量和二次资源生产量均以纯金属含量计量。以钢铁为例，对子类金属资源的循环率进行说明：钢铁的循环率＝废钢消耗量/钢材和铸件的生产量。

对于总体物质循环率而言，仅考察浙江省金属资源的循环率，计算公式为：金属资源循环率＝各类废金属的消费量之和/各类金属二次资源生产量之和。

对外依存度

从区域外输入的资源占区域内资源投入量的比例。

投入产出法

以投入产出表为依托，研究经济系统各个部门间表现为投入与产出相互依存关系的数量经济方法。

大数据分析

大数据分析是指对规模巨大的数据进行分析。大数据可以概括为 4 个 V，数据量大(Volume)、速度快(Velocity)、类型多(Variety)、真实性(Veracity)。

水资源产出率

在一定时空范围内,单位体积水资源投入所产出的经济量。

土地资源产出率

在一定时空范围内,单位面积土地资源投入所产出的经济量。

折算系数

反映资源利用的各个环节中物质之间的相互折算关系,以及物质在行业中的消费比例的系数。折算系数主要受到原料品位、生产技术、产品结构、行业结构等多方面因素的影响。这些系数的确定在主要参考国家相关文件标准、尽量与之保持一致的同时,也结合浙江实际情况,通过文献调研、企业调研、专家咨询、理论计算等方法获取反应浙江实际的相关系数。

流量 F

系统内过程之间各物质流股的强度。可以认为其为在 SFA 空间边界内某种资源、中间产品、最终产品离开本利用过程,进入下一个利用过程的量。

产量 P

空间边界内某种资源、中间产品、最终产品的产量。对于资源而言,产量指开采量。对中间产品、最终产品而言,产量指生产量。

输入量 I

进入 SFA 空间边界的某种资源、中间产品、最终产品的量。

输出量 E

输出 SFA 空间边界的某种资源、中间产品、最终产品的量。

库存量 S

在统计时段内某种资源、中间产品、最终产品在 SFA 空间边界内停留的量。

库存量变化量

在统计时段内,某种资源、中间产品、最终产品在 SFA 空间边界内的库存量在时段初期与时段末期之差。

消费量

在统计时段内某种资源、中间产品、最终产品在 SFA 空间边界中实际消费的数量。这部分消费量可以通过调查统计得到,也可通过相关产品使用折算系数推算。

进口量

在统计时段内某种资源、中间产品、最终产品输入 SFA 空间边界的源自其他国家的数量。

出口量

在统计时段内某种资源、中间产品、最终产品输出 SFA 空间边界的到达其他国家的数量。

省际调入量

在统计时段内某种资源、中间产品、最终产品输入 SFA 空间边界的源自国内其他省级行政区的数量。

省际调出量

在统计时段内某种资源、中间产品、最终产品输出 SFA 空间边界的到达国内其他省级行政区的数量。

物质供给和使用表（Physical Supply and Use Tables，PSUT）

用于反映区域内物质资源供给量与使用量的表格。

物质投入产出表（Physical Input-Output Table，PIOT）

用实物量反映区域经济系统中与经济活动有关的全部物质流的投入产出表。

价值型投入产出表（MonetaryInput—OutputTable，MIOT）

用货币单位反映区域经济系统中各产业部门产品生产及消耗各中间产品流量的投入产出关系表格。

后　记

从 2014 年研究课题立项，到今年的专著出版，历经 7 年的时间。在浙江省发展和改革委员会的指导下，浙江省发展规划研究院牵头，浙江省经济信息中心、华东理工大学、长三角循环经济技术研究院、浙江财经大学、巨化集团等研究机构、院校和单位参与，共同开展了浙江省提高资源产出率相关研究。随着研究的深入、成果的积累、实践的探索，出书的想法便油然而生。

由衷感谢时任国家发展和改革委员会副主任解振华的支持，在课题立项之初鼓励浙江先行开展研究。由衷感谢环资司原副司长马荣，循环经济处郭启民、么新等多次安排到浙江调研，关心课题进展情况，帮助指导和协调有关具体问题，并将浙江取得的试点经验纳入到国家循环经济试点示范典型经验，发文向各地推广应用。

由衷感谢中国工程院院士、清华大学教授金涌的指导，在专家评审会上给予课题很高的评价。由衷感谢清华大学朱兵教授、陈定江副研究员，多次以不同方式指导和帮助研究推进。

由衷感谢浙江省统计、自然资源、粮食、税务、海关等单位，镇海炼化、宁波金田铜业等相关企业，浙江省有色金属、冶金、水泥、电池、萤石矿业、氟化工等行业协会，以及相关县市的帮助，提供大量基础数据。

由衷感谢人民出版社柴晨清博士的敬业精神和专业支持，使本书得以高质量出版。

我们期待，此书能为全国深化资源产出率研究和应用提供借鉴与参考，为绿色低碳循环发展水平提供更全面的分析与评价。也希望有更多的人能够关心、关注、参与资源产出率方面的研究，让绿色发展的实践更加丰富多彩。

周华富

责任编辑：柴晨清

图书在版编目（CIP）数据

提高资源产出率的方法与路径研究：以 2010—2013 年浙江省为例/
周华富 主编. —北京：人民出版社，2021.8
ISBN 978－7－01－023312－3

Ⅰ.①提…　Ⅱ.①周…　Ⅲ.①自然资源-资源利用-研究-浙江
Ⅳ.①F124.5

中国版本图书馆 CIP 数据核字（2020）第 066032 号

提高资源产出率的方法与路径研究

TIGAO ZIYUAN CHANCHULÜ DE FANGFA YU LUJING YANJIU

——以 2010—2013 年浙江省为例

周华富　主编

人民出版社 出版发行
（100706　北京市东城区隆福寺街 99 号）

北京建宏印刷有限公司印刷　新华书店经销

2021 年 8 月第 1 版　2021 年 8 月北京第 1 次印刷
开本：710 毫米×1000 毫米 1/16　印张：10.25
字数：161 千字

ISBN 978－7－01－023312－3　定价：49.00 元

邮购地址 100706　北京市东城区隆福寺街 99 号
人民东方图书销售中心　电话（010）65250042　65289539